Cocina
¡y a disfrutar!

Júlia Rovira

Cocina ¡y a disfrutar!

MÁS DE 80 RECETAS DELICIOSAS,
SENCILLAS Y CON
INGREDIENTES NATURALES

Grijalbo

Papel certificado por el Forest Stewardship Council®

Penguin
Random House
Grupo Editorial

Primera edición: febrero de 2023

© 2023, Júlia Rovira Ribas, por el texto y las fotografías
© 2023, Penguin Random House Grupo Editorial, S.A.U.
Travessera de Gràcia, 47-49. 08021 Barcelona

Printed in Spain — Impreso en España

ISBN: 978-84-253-6339-9
Depósito legal: B-22.409-2022

Compuesto en Fotocomposición gama, sl
Impreso en Gómez Aparicio, S.L.
Casarrubuelos, Madrid

GR 63399

Para David.
Por creer en @vadesabores desde el principio

Índice

Prólogo

Querido lector:

Tienes en tus manos un libro que te ayudará a comer mejor y con el que no te faltarán ideas de recetas sencillas, saludables y, a la vez, originales. ¡Cocinar será más ameno que nunca!

Actualmente, sabemos que los malos hábitos alimenticios pueden favorecer la aparición de determinadas enfermedades. Por eso, una de las intervenciones nutricionales más efectivas que puedes llevar a cabo es llenar tus platos de color para garantizar un correcto aporte de antioxidantes a tu dieta. A más antioxidantes, menor inflamación, y a menor inflamación, menos problemas de salud.

Sin embargo, ¿cuántas veces has contemplado satisfecho las estanterías de tu despensa después de una compra consciente y meditada, pensando que esta vez era la definitiva, que habías conseguido abastecerte de ingredientes naturales y coloridos, pero luego te han faltado propuestas para llevar esta alimentación a la práctica? ¡Incluso has tenido que tirarlos porque se te ponían malos! Por eso me gusta tanto el trabajo de Júlia: porque comparte recetas fáciles, saludables, ricas y variadas para que pasemos de la teoría a la práctica.

¿Y a quién va dirigido este libro? ¡A todos! ¡Y cuanto antes empecemos a leerlo y a usarlo, mejor! Porque todos y cada uno de nosotros necesitamos comer de una forma más saludable. Necesitamos cambiar los productos ultraprocesados por comida de verdad, comida que realmente nos nutra, y aumentar, de una vez por todas, el consumo de hortalizas. Hoy en día hay la suficiente evidencia científica para proclamarlo a los cuatro vientos: ¡alimentarse bien es un seguro de vida! No es hacer dieta; es un estilo de vida. Comer bien es una forma más de quererte.

No soy partidaria de poner etiquetas, pero si tengo que catalogar las recetas de Júlia bajo un título, diría que son recetas flexi-mediterráneas. Recetas donde hay siempre frutas y verduras, y muy a menudo pescado. Recetas elaboradas con ingredientes frescos, ya que de esta forma se preservan mejor las vitaminas y los minerales. Recetas con abundantes grasas cardiosaludables y proteínas de alto valor biológico. Estoy segura de que, si haces las recetas de Júlia, conseguirás llegar a los famosos 500 g de frutas y verduras diarios que los nutricionistas decimos que hay que consumir a lo largo de una jornada.

Cuando Júlia me ofreció escribir el prólogo de su libro, me hizo mucha ilusión, y por ello me lo tomé muy en serio. Una de las primeras cosas que hice fue preguntar a mi comunidad de seguidores si conocían a Júlia y qué les aportaba el contenido que ella crea y comparte desde su cuenta de Instagram. Y estas fueron algunas de las principales respuestas: «Vuelvo a tener ilusión y ganas de cocinar». «Desde que la sigo, como más verduras». «Noto más energía y vitalidad desde que como mejor».

Así pues, si estás en una librería eligiendo tu próxima adquisición y no conoces a Júlia, ¡no lo dudes! ¡Nunca es tarde para comenzar a cuidarte más y mejor! Este libro te aportará la inspiración que necesitas para pasar cada día unos minutos en tu cocina y conseguirá que hacerlo no sea para ti un sacrificio, sino un magnífico plan.

Déjame, por último, que cite a Hipócrates: «Que la comida sea tu alimento y el alimento tu medicina».

Y ahora... ¡a cocinar y a disfrutar!

María Real Capell,
farmacéutica y nutricionista

LA HISTORIA
DE ESTE LIBRO

MI LISTA DE LA COMPRA

MIS UTENSILIOS
BÁSICOS DE COCINA

ALÉRGENOS

Introducción

LA HISTORIA DE ESTE LIBRO

A finales de 2018, un doctor especialista en gastroenterología me pidió unas pruebas —una endoscopia, una colonoscopia y un análisis de unos determinados genes de mi ADN— y así fue como me diagnosticaron celiaquía: una enfermedad crónica de base autoinmune inducida por la ingesta de gluten que provoca la atrofia de las vellosidades del intestino delgado. Aunque, de hecho, esta historia se inicia varios años antes.

Hacía mucho tiempo que sufría molestias digestivas recurrentes y había visitado a varios médicos, pero todos me decían lo mismo: «Las analíticas están bien, no tienes nada». Suerte que al final di con el doctor que me escuchó y cambió mi vida. A mejor.

Al principio, fue un duro golpe. Me había licenciado en Psicología y estaba trabajando en una multinacional del sector del gran consumo, pero, de repente, todo eso pasó a un segundo plano. Tuve que reinventar mi alimentación, los productos que consumía, los pasteles de aniversario, el táper que me llevaba al trabajo... Eso sí, los efectos de la nueva dieta fueron inmediatos: ¡me sentí como una heroína que había vencido al enemigo! Por este motivo un día decidí empezar a compartir mis nuevas recetas en una cuenta de Instagram. Confieso que, al principio, ¡hacía principalmente dulces! Sin gluten, claro.

Pero pocos meses después empecé a tener molestias de nuevo... Volví a los médicos y volví a escuchar lo mismo: «Las analíticas están bien, no tienes nada». En esta ocasión, yo ya sabía que no era verdad y no me di por vencida. Quería encontrarme bien y no paraba de pensar en cuántas personas se debían sentir como yo, incomprendidas.

Así pues, encontré un nuevo pasatiempo: leer libros de autores reconocidos internacionalmente sobre nutrición y alimentación saludable. Y muy pronto me di cuenta de que en todos había un denominador común: el poder de los ingredientes, que no el de los productos. Entonces fui consciente de que mi alimentación se basaba en productos y no en ingredientes. Un ejemplo muy ilustrativo: hace tres años desayunaba magdalenas industriales sin gluten y un café con leche. Desde luego, estos no podían considerarse bajo ningún concepto ingredientes nutritivos.

(Hago un pequeño inciso: en los productos alimenticios procesados [«industrializados»] se suele recurrir a ingredientes sintéticos para potenciar el sabor, el olor o el aspecto, o sencillamente para que soporten la cadena de suministro y aguanten un mínimo de días en la tienda. Es prácticamente inevitable. Pero todavía se sabe poco de los efectos secundarios de muchos de estos «aditivos no nutrientes»).

Realmente, este fue un punto de inflexión en mi vida. Comencé a cocinar, a buscar y entender las tablas nutricionales y las listas de los ingredientes de los productos empaquetados, a eliminar ingredientes nocivos y a preocuparme por otros aspectos de la vida saludable a la que aspiraba: quise aprender a dormir, a gestionar mejor mis emociones, etc.

Esta vez, los resultados no fueron tan inmediatos como yo esperaba. Tardé muchos meses, incluso diría que un par de años, en descubrir qué le sentaba mejor a mi cuerpo. Sí, cada cuerpo es único; también en eso.

Probé la dieta paleo, la dieta keto, estuve un mes sin tomar lácteos, otro sin comer cereales de ningún tipo... No me arrepiento de ninguna experiencia, porque de todo aprendí. Hasta llegar a mi alimentación actual. Una alimentación basada en ingredientes naturales, donde predominan las verduras, las proteínas de calidad y las grasas saludables, y en la que hay mucha mucha variedad.

De esta forma, no solamente me desinflamé, sino que también empecé a dormir mejor, a tener más energía, menos acné... Cons-

truí hábitos saludables que se han quedado para siempre. Porque créeme que cuando los adquieres, no quieres volver atrás.

Pero quiero puntualizar una cosa: dentro de estos hábitos saludables incluyo el saber disfrutar de un vermut con patatas fritas el domingo, de un helado de vainilla de postre o de una fiesta con barra libre. Tener hábitos saludables también es tener flexibilidad mental; no vamos a perderlos porque un día no comamos «tan sano». Esta premisa la he querido reflejar en el libro que tienes entre las manos. Si bien en la mayoría de mis recetas priman los ingredientes naturales y las verduras, también encontrarás un *brownie* con nueces caramelizadas que no te puedes perder.

Siguiendo con mi proceso, al descubrir el poder de los ingredientes naturales y cómo estos estaban cambiando mi vida, tuve la necesidad y el deseo de compartirlo para intentar ayudar a quienes estuvieran atravesando una situación parecida a la mía. Era una decisión que requería mucha dedicación y empecé compaginándola con mi antiguo trabajo de marketing. Inicialmente, le dedicaba las horas que me quedaban al día, pero, gracias a la pandemia, pude destinarle más horas. Asimismo, aproveché para formarme e hice cursos de fotografía y edición. En marzo de 2021, dejé mi trabajo y, a finales de ese mismo mes, creé @**vadesabores** con la voluntad de inspirar y motivar a las personas a comer mejor a través de recetas fáciles y sabrosas y hechas con pocos ingredientes, naturales y comunes.

Cuando empecé a publicar mis recetas en Instagram, no podía ni soñar que un año después me seguiría tanta gente de lugares

tan diversos y dispersos. Desconocía el funcionamiento de las redes sociales, y aún más la rapidez con la que creces —en número de seguidores, visualizaciones, *likes*— cuando procuras compartir contenido coherente con el que, además, facilitas la vida de las personas. Tampoco podía imaginar que estos seguidores iban a recrear mis platos y disfrutarlos con familiares y amigos, ni que se crearía una comunidad tan bonita en la que se intercambiarían mensajes e inquietudes más personales.

Cuando recibí el correo de la editorial con la propuesta de crear un libro de recetas en soporte físico para personas inquietas a las que les gustase cuidarse, ¡la idea me entu-

siasmó! Aquí encontrarás 76 preparaciones inéditas y 5 de mis recetas TOP de Instagram ordenadas en cuatro secciones: Para compartir, Entrantes, Principales y Dulces. En total, 81 nuevas formas de combinar ingredientes, de probar nuevos sabores y de disfrutar de una cocina sencilla, rica ¡y sin gluten! al alcance de todos.

Mis seguidores, tú, sois quienes habéis hecho de mis recetas una realidad. Si me estás leyendo, gracias.

Júlia Rovira Ribas

MI LISTA DE LA COMPRA

¿Qué no puede faltar en mi nevera o en mi despensa? Estoy convencida de que el 80 % de los productos siempre son los mismos, y que esto pasa en todos los hogares. Luego, ese 20 % restante es para los caprichos, las recetas estacionales o esos productos que ves en el supermercado que te llaman la atención, pero no forman parte de tu día a día.

Te voy a compartir ese 80 %. Aunque siempre suelo tener los mismos ingredientes, en este libro he creado 81 recetas. ¿Cómo es posible? La clave está en la combinación de esos ingredientes para dar siempre resultados diferentes.

FRUTOS SECOS

Avellanas
Almendras
Nueces normales
  y pecanas
Pistachos
Piñones
Crema de cacahuete
  (aunque el cacahuete
  es una legumbre)
Crema de almendras
  y crema de anacardos

HIERBAS AROMÁTICAS

Tomillo fresco
Perejil fresco
Cilantro fresco
Albahaca fresca
Romero fresco
Cebollino fresco

FRUTAS

Arándanos
Frambuesas
Mango
Mandarinas
Melocotones
Fresas
Cerezas
Sandía
Piña
Limón
Lima
Aguacate
Aceitunas kalamata
Granada
Manzana
Melón
Plátano
Brevas o higos

SEMILLAS

Pipas de calabaza
Semillas de lino, de chía
  y de cáñamo
Tahini (pasta de sésamo)

VERDURAS, TUBÉRCULOS Y HONGOS

Calabacín
Espárragos trigueros
Berenjena
Apio
Coliflor
Brócoli
Remolacha
Pepino
Espinacas
Pimiento
Zanahoria
Patata
Calabaza
Boniato
Plátano macho
Puerros
Chalotas y cebolla morada
  o blanca
Hinojo
Champiñones
Kale
Alcachofas

CONDIMENTOS, ALIÑOS Y ESPECIAS

Aceite de oliva
    virgen extra
Pimienta negra
Sal rosa
Curry
Pimentón dulce o picante
Comino
Orégano
Canela
Hierbas provenzales
Leche de coco de lata
Salsa de soja
Vinagre de Módena
Vinagre de manzana
Vinagre de vino
Mostaza de Dijon
Jengibre

LÁCTEOS Y ALTERNATIVAS VEGETALES

Mozzarella y *burrata*
Queso feta
Queso parmesano
Queso de cabra
Mantequilla
Yogur de cabra
Yogur griego
Yogur de coco
Bebida de almendras
    y de coco

CEREALES Y PSEUDOCEREALES

Harina de trigo sarraceno
Arroz blanco
    y arroz integral

PROTEÍNA ANIMAL

Huevos
Carne picada 100 %
    de ternera
Salmón
Atún
Merluza
Bacalao
Pechugas de pollo
Jamoncitos

OTROS

Caldo de verduras
Tomate natural triturado
Tomate frito
Cacao puro

Ahora te voy a compartir ese 20 % restante. Lo componen algunos ingredientes que no forman parte de mi dieta habitual, pero que suelo comprar para ocasiones especiales.

OTRAS PROTEÍNAS Y LÁCTEOS

Jamón ibérico
Guanciale
Salmón ahumado
Gulas
Nata para montar
Queso crema
    y mascarpone

OTROS CEREALES Y LEGUMBRES

Almidón de maíz (maicena)
Harina de arroz
Pasta de maíz
Avena
Garbanzos
Harina de garbanzos
Guisantes
Gnocchi
Quinoa

IMPULSORES

Levadura química
Bicarbonato
Levadura fresca

ENDULZANTES

Eritritol
Azúcar moreno
Azúcar de coco
Miel
Sirope de arce
Chocolate negro

MIS UTENSILIOS BÁSICOS DE COCINA

Me gusta cocinar con pequeños electrodomésticos. En casa, por ejemplo, no tenemos robots de cocina. Mis imprescindibles, que seguramente están en la mayoría de los hogares, son:

— Una batidora de mano.
— Un procesador eléctrico.
— Una picadora (eléctrica o manual).
— Un vaso medidor.

Con estas herramientas tienes lo básico cubierto y, además, no ocupan mucho espacio. Ah, también tengo una mandolina, una herramienta que va genial para cortar y laminar verduras con rapidez y precisión.

En cuanto a los métodos de cocción, todas mis recetas están cocinadas en sartén, plancha, cacerola y/o horno. Si tienes freidora de aire, puedes utilizarla en aquellas recetas donde veas que he utilizado el horno, adaptándolas a los tiempos de cocción necesarios. La freidora de aire es un método de cocción más similar al horno, pero en formato de pequeño electrodoméstico. Tanto el horno como este aparato son métodos de cocción saludables siempre y cuando lo que pongas a cocer lo sea.

Verás que en este libro no he incluido recetas hechas en el microondas. No por nada en especial, simplemente porque nunca hemos tenido mucho espacio en la cocina y nunca lo hemos comprado.

Un mundo muy peculiar es el de los cuchillos. Es verdad que unos buenos cuchillos te pueden facilitar muchísimo el trabajo. Puedes cortar las verduras más rápido y con mejor precisión. Si te gusta la cocina o te animas a iniciarte en ella, te recomiendo que te com-

pres un par, pues seguro que se convertirán en tus indispensables. Confieso que, cuando voy a un *showcooking*, ¡me llevo mis cuchillos!

Hablemos de moldes. La calidad de estos también es muy importante para asegurarte un buen resultado. Yo tengo varios y, a lo largo de los años, he probado de muchas clases y de diferentes materiales. Si te gustan de silicona, comprueba que sean de *platinium silicone*; es una silicona superior que impide que los tóxicos del material pasen a la receta y la preparación queda mejor: ¡dónuts y bizcochos más esponjosos! Si, por el contrario, te gustan los metálicos, no hay problema, pero fórralos siempre con papel vegetal para evitar que se te peguen las elaboraciones.

En mi cajón siempre encontrarás un molde rectangular de 10 × 20 cm, uno redondo de 18 × 18 cm, otro para *muffins* y un último para dónuts. Si te animas, puedes comprar más adelante moldes de distintos diseños y formas. Y si me preguntas, yo siempre prefiero un molde redondo pequeño, porque así los postres quedan más altos y, a la hora de presentarlos, son mucho más resultones.

ALÉRGENOS

Soy muy consciente del aumento de alergias, intolerancias y enfermedades autoinmunes. Cada vez hay más personas con necesidades alimentarias especiales y, por este motivo, he querido incluir los alérgenos en todas y cada una de las recetas de este libro.

Por un lado, verás que he clasificado las recetas de este libro según si eran sin gluten, vegetarianas, veganas, sin lactosa y/o low carb. Respecto a la clasificación de «sin gluten», aunque en la lista de ingredientes no se

concrete, todas las pastas y harinas que yo he utilizado para hacer las recetas son, debido a mi celiaquía, sin gluten, pero no he querido indicarlo porque, si alguien no tiene esta alergia o intolerancia, puede hacer esta receta, por supuesto, con los alimentos que tenga en su despensa o que le apetezcan.

Por otro lado, he marcado con un asterisco (*) los alérgenos que pueden eliminarse o sustituirse fácilmente sin alterar de forma significativa el resultado final de la preparación.

Hoy en día hay 14 alérgenos de declaración obligatoria. Son estos:

ALÉRGENOS

HUEVOS · MOLUSCOS · GLUTEN · PESCADO · SOJA

DIÓXIDO DE AZUFRE Y SULFITOS · APIO · MOSTAZA · CACAHUETE · LÁCTEOS

CRUSTÁCEOS · SÉSAMO · ALTRAMUCES · FRUTOS DE CÁSCARA

PARA COMPARTIR

ENTRANTES

PRINCIPALES

DULCES

Recetas

Para
compartir

DIP DE BONIATO ASADO Y ALUBIAS

*Dip muy cremoso para aprovechar
la temporada de boniatos de otoño.*

30 MINUTOS

2 RACIONES

SIN GLUTEN, VEGANA

ALÉRGENOS

SÉSAMO

INGREDIENTES

2 boniatos pequeños
o 1 mediano

100 g de alubias

2 cucharaditas de *tahini*

20 ml de aceite de oliva
virgen extra

50 ml de agua

½ cucharadita de sal

1 pizca de semillas de
sésamo (opcional)

PREPARACIÓN

Pon agua a hervir.

Corta el boniato en trozos pequeños.

Cuando el agua entre en ebullición, añade el boniato hasta que esté completamente blando, al cabo de unos 20 minutos.

Una vez hervido el boniato, pélalo, introduce todos los ingredientes de la receta en el vaso de la minipímer y tritura.

Si ves que ha quedado una textura muy densa, agrega poco a poco más agua hasta lograr la consistencia deseada.

A la hora de servir, decorar el plato con unas semillas de sésamo por encima.

SUSTITUCIONES
- En vez de boniato, esta elaboración también se puede hacer con calabaza asada.
- En vez de alubias, podríamos añadir garbanzos.

CRACKERS DE SEMILLAS Y MOZZARELLA AL CURRY

Estos crackers *sin harinas son otro gran descubrimiento y son ideales para acompañar la receta anterior u otros* dips *del libro. Tan fáciles como mezclar los ingredientes y dejar que el horno haga el resto.*

60 MINUTOS

2 RACIONES

SIN GLUTEN, VEGETARIANA, *LOW CARB*

ALÉRGENOS

LÁCTEOS*

INGREDIENTES

80 g de semillas de lino
50 g de semillas de chía
350 ml de agua
1 cucharadita de sal
2 cucharaditas de *curry*
150 g de queso *mozzarella*

PREPARACIÓN

Tritura las semillas de lino hasta que quede una textura de harina.

Mezcla las semillas de lino trituradas con las de chía y añade el agua. Deja reposar durante 10 minutos. Poco a poco, las semillas irán absorbiendo el agua y quedará una masa. Agrega entonces la sal, el *curry* y la *mozzarella*.

Precalienta el horno a 180 °C.

Forra una bandeja de horno con papel vegetal y vierte la preparación encima. Espárcela bien, que quede finita. Dibuja unas líneas delgadas en la masa para que luego sea más fácil de romper y formar los *crackers*.

Hornea 50 minutos a 180 °C con calor arriba y abajo. Transcurrido este tiempo, si ves que los *crackers* no han quedado suficientemente duros, déjalos 5-10 minutos más en el horno.

SUSTITUCIONES
Si no quieres usar queso, sustitúyelo por 50 g más de semillas de lino molidas.

PATATAS ABIERTAS CON MANTEQUILLA

*Se podría conquistar el mundo con patatas: ¡gustan a todos
y son el aperitivo perfecto en cualquier reunión de amigos!
Esta receta tan sencilla resulta irresistible para cualquier paladar.*

45 MINUTOS

4 RACIONES

**SIN GLUTEN,
VEGETARIANA**

ALÉRGENOS

LÁCTEOS*

INGREDIENTES

8 patatas pequeñas
o 4 grandes

50 g de mantequilla

unas ramitas de perejil
fresco

1 chalota o ¼ de cebolla

1 cucharadita de sal

20 ml de aceite de oliva
virgen extra

PREPARACIÓN

Precalienta el horno a 180 °C.

Lava las patatas con piel y córtalas en rodajas sin llegar con el cuchillo a la tabla; que queden como un acordeón.

Derrite la mantequilla, pero no del todo. Que quede con textura de pomada. Luego añade el perejil picado, la chalota picada muy fina, la sal y el aceite, y mezcla.

A continuación, pinta las patatas con el aderezo que acabas de preparar. Cada rodaja debe quedar bien impregnada. De este modo, las patatas se irán abriendo.

Coloca las patatas en una fuente y hornéalas a 200 °C durante 35 minutos o hasta que estén doradas por fuera y tiernas por dentro.

SUSTITUCIONES
- Para una versión vegana, utiliza mantequilla de coco o 40 ml de aceite de oliva virgen extra.
- La chalota también se puede sustituir por dos dientes de ajo picados finos.

PAN *NAAN* CON VERDURAS PARA DIPEAR

El naan *es un pan tradicional de la India. Antes de animarme a preparar esta receta, pensaba que era muy complicada. Pero si bien es cierto que necesita su tiempo de fermentación, la ejecución es sencilla y el resultado increíble. Es un pan muy esponjoso y perfecto para dipear.*

20 MINUTOS + 1 HORA Y MEDIA DE REPOSO Y FERMENTACIÓN

4 RACIONES

SIN GLUTEN, VEGETARIANA

ALÉRGENOS

LÁCTEOS*

INGREDIENTES

PARA EL PAN *NAAN*

150 ml de agua

15 g de levadura fresca

20 g de aceite de oliva virgen extra

1 yogur griego

220 g de maicena, más 20 g para amasar

200 g de harina de trigo sarraceno

1 cucharadita de sal

PREPARACIÓN

En un bol, mezcla el agua, la levadura, el aceite y el yogur; en otro recipiente aparte, integra las dos harinas y la sal.

Incorpora, poco a poco y mientras vas removiendo, los ingredientes secos a la preparación líquida. Al final necesitarás hacerlo con una espátula o con las manos. La masa resultante debe ser pegajosa. Si ves que tiene buena consistencia, no añadas más harina y déjala reposar 15 minutos.

Transcurrido este tiempo, engrasa un bol con un poco de aceite, haz una bola con la masa y colócala en el centro. Déjala fermentar durante 1 hora.

A continuación, traspasa la masa a una superficie plana con un poco de maicena esparcida por encima para poder trabajarla. Si está muy pegajosa, ponte un poco de harina en las manos y desgasifícala.

Seguidamente, corta la masa en porciones individuales del tamaño de una pelota de tenis (o un poco más pequeñas). Déjalas reposar 10 minutos.

Ahora calienta una sartén antiadherente sin engrasar, coge una de las porciones y aplástala dándole forma redonda u ovalada, pero, en todo caso, que quede finita. Ponla en la sartén y, cuando veas burbujas y que la masa ha crecido, dale la vuelta. Repite este paso hasta terminar con las porciones. Finalmente, puedes pintarlas con un poco de aceite.

Dip naranja:
1 boniato
2 zanahorias
1 pimiento rojo

Dip verde:
½ calabacín
1 cebolla
1 tomate
1 aguacate
aceite de oliva virgen extra
dos pizcas de sal

Para preparar los *dips*, primero precalienta el horno a 180 °C. Luego, lava y coloca las verduras de cada bol (excepto el aguacate) en una fuente de horno diferente. Riégalas con aceite y hornea 40 minutos a 180 °C.

A continuación, tritura cada mezcla por separado, sin el agua que hayan podido soltar las verduras, y agrega una pizca de sal a cada una.

Para el *dip* verde, retira las pepitas de tomate y tritúralo todo junto con el aguacate.

Sirve junto con el pan *naan*.

NOTA

Prepara el pan *naan* poco antes de consumirlo porque, al cabo de unas horas, pierde elasticidad. Puedes darle un toque de calor con la sartén. No te recomiendo hacerlo de un día para otro.

SUSTITUCIONES

Para una versión vegana, emplea yogur vegetal en vez de yogur griego.

HUMMUS CON CEBOLLA CARAMELIZADA

El hummus es el aperitivo perfecto para compartir. Esta versión tiene un toque muy especial gracias a la cebolla caramelizada. Si fuera por David, cada semana podría preparar esta receta; ¡le encanta acompañar carnes, tostadas o verduras con este condimento!

10 MINUTOS (HUMMUS) + 60 MINUTOS (CEBOLLA)

4 RACIONES

SIN GLUTEN, VEGETARIANA

ALÉRGENOS

SÉSAMO*   LÁCTEOS*

INGREDIENTES

PARA LA CEBOLLA CARAMELIZADA

3 cebollas moradas o blancas

70 g de mantequilla o 50 ml de aceite de oliva virgen extra

30 ml de aceite de oliva virgen extra

1 pizca de sal

20 g de chocolate negro

PREPARACIÓN

Prepara primero la cebolla caramelizada: córtala en juliana y ponla en una cacerola junto con la mantequilla. Póchala unos 5 minutos y agrega el resto de los ingredientes.

Tápala, déjala a fuego muy muy lento unos 45 minutos y remueve de vez en cuando para que vaya soltando los azúcares.

Pasado este tiempo, destapa y deja que se dore 10 minutos más.

Consérvala en un táper de cristal.

PARA EL HUMMUS

400 g de garbanzos
   (peso escurrido)

80 g de *tahini*

zumo de 1 limón

70 ml de agua fría

1 cucharadita de sal

½ cucharadita de comino

½ cucharadita de pimentón
   dulce

2 cucharadas de cebolla
   caramelizada

2 cucharadas de tomate
   deshidratado

1 pizca de semillas de
   sésamo (opcional)

Para hacer el hummus, pon todos los ingredientes de la lista (menos el tomate deshidratado) en un procesador de alimentos y tritura a máxima potencia.

Si ves que queda muy denso, agrega un poco más de agua hasta conseguir la textura deseada.

A la hora de servir, decora el hummus con un poco más de cebolla caramelizada, el tomate deshidratado cortado a trozos pequeños y unas semillas de sésamo por encima.

NOTA
Con las cantidades indicadas en la lista de la cebolla caramelizada, tienes para dos recetas.

SUSTITUCIONES
Puedes sustituir el *tahini* por crema de anacardos.

HUMMUS DE ACEITUNAS KALAMATA

Otra deliciosa y sorprendente versión de hummus ¡gracias a la magia de las aceitunas!

10 MINUTOS

4 RACIONES

SIN GLUTEN, VEGANA

ALÉRGENOS

SÉSAMO*

INGREDIENTES

380 g de garbanzos (peso escurrido)

50 g de aceitunas kalamata

40 g de *tahini*

20 ml de aceite de oliva virgen extra

1 diente de ajo pelado

zumo de ½ limón

½ cucharadita de comino

½ cucharadita de sal

180 ml de agua fría

PREPARACIÓN

Introduce todos los ingredientes en un procesador de alimentos y tritura a máxima potencia.

Puedes decorar el hummus con más aceitunas negras y acompañarlo con nachos, crudités o palitos de pan.

NOTA

Puedes comprar las aceitunas kalamata sin hueso y usarlas directamente o con hueso, y entonces tendrás que deshuesarlas.

SUSTITUCIONES

- Si no eres alérgico a los frutos de cáscara, puedes sustituir el *tahini* por crema de anacardos.
- Si lo prefieres, puedes prescindir del ajo.

NO HUMMUS DE CALABAZA Y MANGO

¡Déjate sorprender por el dulzor del mango en este falso hummus de calabaza asada!

40 MINUTOS

2-4 RACIONES

SIN GLUTEN, VEGANA

ALÉRGENOS

SÉSAMO*

INGREDIENTES

350 g de calabaza

1 mango

2 cucharaditas de *tahini*

3 cucharadas de aceite de oliva virgen extra

1 cucharadita de sal

½ cucharadita de comino

1 pizca de pimienta negra

PREPARACIÓN

Precalienta el horno a 180 °C.

Pela y corta la calabaza en trozos medianos y ásala a 190 °C durante 30 minutos.

A continuación, ponla en el vaso de la minipímer junto con el resto de los ingredientes (el mango previamente pelado y troceado). Tritura.

Si ves que queda una preparación muy densa, agrega agua poco a poco hasta conseguir la textura deseada.

Puedes decorar este no hummus con pimienta negra molida por encima.

NOTA

Es importante que el mango no esté muy maduro para que no sea demasiado dulce ni tenga mucha agua.

SUSTITUCIONES

Puedes sustituir el *tahini* por crema de anacardos.

VERDURAS EN TEMPURA AL HORNO

Quise probar si se podían hacer verduras en tempura al horno —normalmente son fritas—, y me salió esta receta tan estupenda y mucho más saludable.

40 MINUTOS

2 RACIONES

SIN GLUTEN, VEGANA

INGREDIENTES

1 berenjena
2 zanahorias
1 calabacín
60 g de harina de garbanzos
½ vaso de agua
1 cucharadita de sal

PREPARACIÓN

Precalienta el horno a 180 °C.

Lava y corta la berenjena, las zanahorias y el calabacín en tiras medianas y ponlas todas en un bol grande.

Añade la harina, el agua y la sal, y mezcla. Tiene que formarse una pasta densa alrededor de las verduras.

Colócalas en una fuente de horno sin que se toquen y hornea a 200 °C durante 30 minutos.

NOTA
Puedes sazonar la receta con un poco de salsa de soja o con el aderezo que más te guste.

SUSTITUCIONES
Si lo prefieres, puedes sustituir alguna de las verduras por pimientos en la misma proporción.

DIP DE FETA CREMOSA CON TOMATES SECOS

Todo el mundo sabe que soy fan del queso feta, ¡así que no podía faltar un dip *de este clásico queso griego en mi primer libro!*

15 MINUTOS

2 RACIONES

SIN GLUTEN, VEGETARIANA, *LOW CARB*

ALÉRGENOS

LÁCTEOS*

INGREDIENTES

200 g de queso feta

60 ml de agua

30 ml de aceite de oliva virgen extra

1 pizca de mezcla de hierbas provenzales

50 g de tomates secos

PREPARACIÓN

En un procesador de alimentos, añade todos los ingredientes, excepto los tomates secos. Tritura a máxima potencia.

Sirve en un bol bonito y decora por encima con los tomates cortados en trozos pequeños y una pizca más de hierbas provenzales por encima.

NOTA
Puedes acompañar este *dip* con *crackers* y/o crudités.

SUSTITUCIONES
Sazona este plato con otras hierbas aromáticas, como tomillo o eneldo.

MINIPIZZAS DE BERENJENA

*Todo el sabor de una pizza en tamaño mini y con una base
de verduras: otra forma de comer berenjena.*

40 MINUTOS

2 RACIONES

**SIN GLUTEN,
VEGETARIANA,
*LOW CARB***

ALÉRGENOS

LÁCTEOS*

INGREDIENTES

2 berenjenas

1 pizca de sal

aceite de oliva virgen extra

60 g de salsa de tomate

50 g de queso *mozzarella*

1 pizca de orégano

1 puñado de aceitunas,
   verdes o negras

½ cebolla

PREPARACIÓN

Precalienta el horno a 180 °C.

Lava y corta las berenjenas en rodajas de 1 cm de grosor. Colócalas sin que se toquen en una bandeja de horno forrada con papel vegetal. Sálalas ligeramente y riégalas con aceite. Hornea 15 minutos a 180 °C.

Transcurrido este tiempo, esparce una cucharadita de salsa de tomate y un poco de *mozzarella* por encima de cada rodaja.

A continuación, espolvorea orégano y añade unas aceitunas troceadas y unas tiras de cebolla previamente cortada en juliana también por encima de cada rodaja.

Hornea de nuevo, pero esta vez a 200 °C durante 20 minutos.

SUSTITUCIONES

- En vez de aceitunas y cebolla, puedes añadir los *toppings* que más te gusten.
- Puedes usar *mozzarella* vegana.

MOUSSE DE MANGO ESPECIADO

*En una escapada a Formentera, probé un delicioso mojito
de mango y chili. ¡Me encantó el contraste de dulce y picante!
Lo he recreado en este aperitivo para compartir.*

10 MINUTOS

4 RACIONES

SIN GLUTEN, VEGANA

INGREDIENTES

1 mango

½ cucharadita de sal

½ cucharadita de pimienta
negra molida

1 cucharadita de aceite
picante o salsa sriracha

PREPARACIÓN

Pela y corta el mango en trocitos.

Pon todos los ingredientes en un procesador de alimentos
y tritura a máxima potencia.

Corrige de picante al gusto.

Sirve en vasitos pequeños.

SUSTITUCIONES
Si no te gusta el picante, puedes darle un toque fresco
añadiendo unas hojas de menta en el procesador de alimentos.

PAN DE AJO CON PARMESANO

*Para poder hacer esta receta solo hay un requisito
importante: que puedas comer ajo y que te guste.*

**45 MINUTOS (AJOS
CONFITADOS)
+ 15 MINUTOS (TOSTADAS)**

4 RACIONES

**SIN GLUTEN,
VEGETARIANA**

ALÉRGENOS

LÁCTEOS*

INGREDIENTES

**PARA LOS AJOS
CONFITADOS**

3 cabezas de ajos

1 manojo de romero o de
otra hierba aromática

aceite de oliva virgen extra

**PARA LAS TOSTADAS
CON PARMESANO**

10 ajos confitados

40 g de mantequilla o 15 ml
de aceite de oliva virgen
extra

50 g de parmesano rallado

5 rebanadas de pan

PREPARACIÓN

Precalienta el horno a 180 °C.

Primero confita los ajos: pélalos y ponlos en una cacerola
junto con las ramitas de romero. Cúbrelos con aceite y cocínalos a fuego mínimo, vigilando siempre que el aceite no
hierva. Déjalos cocinar unos 30 o 40 minutos o hasta que estén dorados.

Luego, para conservarlos, guárdalos en un tarro de cristal
cubiertos con su aceite.

Para hacer las tostadas, coge los 10 ajos confitados y ponlos en un bol, aplástalos con un tenedor, añade la mantequilla y el parmesano y mézclalo todo hasta obtener una pasta.

Unta las rebanadas con esta preparación y hornéalas
10 minutos a 180 °C.

A la hora de servir, puedes decorar las tostadas con un
poco de parmesano rallado por encima.

> **NOTA**
> Utiliza un pan de calidad, hecho con harinas integra-
> les o de masa madre.

GUACAMOLE CON CHIPS DE PLÁTANO MACHO

El plátano macho es muy común en muchas culturas; se tiene que cocinar para que sea comestible. Es perfecto para acompañar dips *como el guacamole.*

30 MINUTOS

2 RACIONES

SIN GLUTEN, VEGANA

INGREDIENTES

1 plátano macho

2 aguacates

1 tomate

1 pimiento verde

¼ de cebolla morada

1 cucharadita de sal

20 ml de aceite de oliva virgen extra

1 cucharadita de pimienta negra molida

unas hojas de cilantro fresco

PREPARACIÓN

Precalienta el horno a 180 °C.

Pela el plátano macho, córtalo por la mitad y luego, otra vez, por la mitad en sentido horizontal.

A continuación, corta los cuartos de plátano en láminas finas y colócalas, sin que se toquen, en una bandeja de horno forrada con papel vegetal. Aliña con un poco de sal y aceite. Hornea 20 minutos a 180 °C.

Mientras tanto, prepara el guacamole: abre los aguacates por la mitad, quítales el hueso y la piel y cháfalos hasta que quede una pasta homogénea y cremosa. Lava y corta el tomate y sácale las pepitas. Corta también el pimiento y la cebolla en trocitos muy pequeños. Mézclalo todo junto con la sal, el aceite, la pimienta negra y el cilantro picado.

A la hora de servir, pon el guacamole en un bol y coloca al lado los chips de plátano macho.

NOTA
Te será más fácil cortar el plátano en láminas finas si utilizas una mandolina.

SUSTITUCIONES
Puedes usar perejil en vez de cilantro.

Entrantes

PUERROS A LA MANTEQUILLA CON *GUANCIALE*

El guanciale es un producto italiano similar a la panceta, pero con un proceso de curación mayor que le da un sabor único e inconfundible. Lo descubrí en una tienda de mi barrio y se ha convertido en un básico de mi cocina.

15 MINUTOS

2 RACIONES

SIN GLUTEN, *LOW CARB*

ALÉRGENOS

LÁCTEOS*

INGREDIENTES

2 puerros

50 g de mantequilla o 20 ml de aceite de oliva virgen extra

2 zanahorias

100 g de *guanciale* (o panceta) troceado

1 puñado pequeño de cebollino fresco picado

aceite de oliva virgen extra

PREPARACIÓN

Limpia los puerros y corta los extremos. Luego pártelos por la mitad y después a lo largo.

Pon la mantequilla en una sartén y, una vez derretida, añade los puerros. Cuando se hayan dorado por un lado, dales la vuelta.

Mientras se terminan de hacer los puerros, pela y trocea las zanahorias del mismo tamaño que el *guanciale*. Saltéalos juntos en una sartén (no es necesario añadir aceite).

Para emplatar, decora con un poco de cebollino y aceite.

SUSTITUCIONES
En vez de puerros, puedes utilizar calabacín o endivias.

CREMA DE CALABAZA
Y NARANJA AL *CURRY*

*Esta es una de las cremas que tomaba mientras escribía este libro.
Mi manera de despedir el invierno con una propuesta reconfortante y original.*

30 MINUTOS

2-3 RACIONES

SIN GLUTEN, VEGANA

INGREDIENTES

400 g de calabaza

200 ml de leche de coco de lata

ralladura de ½ naranja

zumo de ½ naranja

2 cucharaditas generosas de *curry*

1 cucharadita de jengibre rallado

1 cucharadita de sal

1 cucharadita de pimienta negra molida

PREPARACIÓN

Pela y trocea la calabaza en porciones medianas. Luego hiérvela durante 20 minutos.

Pasado este tiempo, ponla en un vaso medidor junto con el resto de los ingredientes y 2 cucharones de agua de la cocción.

Tritura hasta obtener una mezcla homogénea. Si te gusta una textura más líquida, agrega un poco más de agua.

NOTA
Puedes servir esta crema con unas semillas de calabaza. También puedes acompañarla con unos espárragos trigueros o champiñones salteados.

SUSTITUCIONES
En vez de leche de coco, puedes usar nata de cocina o de avena.

BERENJENA A LA PLANCHA CON BIMI Y FRUTA

El bimi es un híbrido de brócoli y col china. Me encanta combinar fruta y verdura en un mismo plato ¡y esta receta es el ejemplo perfecto!

30 MINUTOS

2-3 RACIONES

SIN GLUTEN, VEGETARIANA

ALÉRGENOS

LÁCTEOS*   MOSTAZA*

INGREDIENTES

1 berenjena
aceite de oliva virgen extra
1 pizca de sal
150 g de bimi o brócoli
½ mango
¼ de granada

PARA EL ALIÑO

3 cucharadas de yogur griego
1 cucharadita de mostaza de Dijon

PREPARACIÓN

Lava y corta la berenjena en rodajas de 1-1,5 cm de grosor y cocínalas a la plancha con un poco de aceite y sal hasta que queden bien doradas.

Seguidamente, aprovecha que la plancha está caliente para cocinar también el bimi, tras haberle cortado el tronco y haberlo lavado.

Mientras tanto, trocea el mango en dados pequeños y desgrana la granada.

Prepara el aliño: combina el yogur griego con la mostaza en un cuenco hasta que quede una mezcla homogénea.

Una vez esté todo listo, emplata. Coloca la berenjena en la base, añade el bimi, aliña y termina con la fruta por encima.

SUSTITUCIONES

- Puedes no añadir el mango o la granada, o sustituir ambas frutas por otras que te gusten más.
- Si eres alérgico a la mostaza, no la agregues al aliño. En su lugar, puedes añadir una cucharadita de *curry*; quedará una salsa también muy rica.
- Para una versión vegana, sustituye el yogur griego por yogur de coco.

SOPA ASIÁTICA

Unos amigos me invitaron a una cena y nos juntamos seis nacionalidades. Me di cuenta de que las verduras con un toque asiático unían a todos los comensales, así que he querido recrear un plato similar al que comimos aquella noche.

40 MINUTOS

2 RACIONES

SIN GLUTEN, VEGANA

ALÉRGENOS

SOJA   APIO*   SÉSAMO*

INGREDIENTES

1 puerro

1 apio

1 hinojo

4 acelgas chinas

aceite de oliva virgen extra

1 pizca de sal

40 ml de salsa de soja

2 cucharadas de leche de coco de lata

100 g de arroz blanco por persona

semillas de sésamo (para decorar)

PREPARACIÓN

Limpia y trocea el puerro, el apio, el hinojo y las acelgas chinas en porciones medianas, todas del mismo tamaño.

Añade aceite en una cacerola e incorpora las verduras cortadas junto con una pizca de sal para marcarlas. Cocina unos 10 minutos.

A continuación, agrega la salsa de soja y la leche de coco y cubre con agua. Cuece a fuego medio durante 20 minutos o hasta que las verduras estén blandas.

Mientras tanto, hierve el arroz y, una vez listo, escúrrelo y reserva.

Sirve la sopa en boles y acompáñala con el arroz hervido aparte; queda delicioso todo mezclado. Puedes decorar el arroz con semillas de sésamo.

SUSTITUCIONES

- En vez de acelgas chinas, puedes usar acelgas normales.
- La clave está en que todas las verduras sean verdes. Dentro de esta categoría, haz las sustituciones que creas convenientes.
- En caso de alergia, no añadas apio.

BERENJENAS RELLENAS DE VERDURAS AL *CURRY*

Para mí, rellenar verduras es un hobby *sin fin.*

45 MINUTOS

2 RACIONES

SIN GLUTEN, VEGANA, *LOW CARB*

ALÉRGENOS

SÉSAMO*

INGREDIENTES

2 berenjenas
aceite de oliva virgen extra
½ cebolla
1 calabacín
1 pimiento verde
1 cucharadita de sal
2 cucharaditas de *curry*
150 ml de leche de coco de lata
1 puñado de semillas de sésamo

PREPARACIÓN

Precalienta el horno a 180 °C.

Lava y corta las berenjenas por la mitad a lo largo y luego haz cortes en forma de equis en cada mitad para que se asen mejor. Añade sal y aceite por encima y ásalas a 180 °C durante 30 minutos.

Mientras tanto, prepara el relleno: dora en una sartén la cebolla cortada a trozos pequeños y, a continuación, añade el calabacín y el pimiento también troceados con una pizca de sal.

Transcurridos los 30 minutos, vacía las berenjenas con cuidado para no romper la piel.

Agrega la pulpa de las berenjenas al relleno de verduras, incorpora el *curry* y mezcla. Finalmente, añade la leche de coco y deja reducir 5 minutos.

Sirve dentro de la misma piel de las berenjenas y decora con unas semillas de sésamo.

SUSTITUCIONES
- Puedes sustituir la leche de coco por nata para cocinar.
- Si eres alérgico al sésamo, al final no añadas las semillas para decorar.

ENSALADA FRESCA DE *COUSCOUS* DE COLIFLOR CON VINAGRETA DE ALBAHACA

El couscous *de coliflor es una alternativa genial al arroz y otros cereales.*

20 MINUTOS

2 RACIONES

SIN GLUTEN, VEGETARIANA, *LOW CARB*

ALÉRGENOS

LÁCTEOS*   FRUTOS DE   DIÓXIDO
            CÁSCARA*   DE AZUFRE
                         Y SULFITOS*

INGREDIENTES

PARA LA ENSALADA

1 coliflor

30 ml de aove

1 pizca de sal

1 tomate

1 aguacate

100 g de queso feta

frutos secos y pasas

PARA LA VINAGRETA

1 cdta. de vinagre de vino

2 cdtas. de aove

1 pizca de sal

1 cdta. de pimienta negra molida

albahaca picada

PREPARACIÓN

Trocea la coliflor y luego tritúrala con una picadora hasta que queden migas.

A fuego medio-bajo, saltea las migas de coliflor en una sartén con un poco de aceite y sal hasta que queden de un color dorado. Deja enfriar.

Mientras tanto, corta el tomate y el aguacate en trozos pequeños, desmiga el queso feta y prepara la vinagreta mezclando todos los ingredientes de la lista.

En un bol, combina el *couscous* de coliflor, el tomate y el aguacate troceados y la feta desmigada, riégalo con la vinagreta y añade un puñado de mezcla de frutos secos y pasas.

SUSTITUCIONES

- Para hacer la vinagreta, en vez de albahaca, puedes usar menta.
- Una opción al vinagre de vino es el zumo de limón.
- Yo he querido añadir una mezcla de frutos secos —para darle un punto crujiente— y pasas —para darle un toque dulce—, pero puedes adaptar la receta a tu gusto.
- Si lo prefieres, no agregues el queso.

BRÓCOLI ASADO CON SALSA DE CACAHUETE

El brócoli pertenece a la familia de las crucíferas. Es un superalimento, lleno de vitaminas y minerales. ¡Con esta receta vas a saborearlo de una forma totalmente distinta!

40 MINUTOS

2 RACIONES

SIN GLUTEN, VEGANA, *LOW CARB*

ALÉRGENOS

CACAHUETE*   SOJA*

INGREDIENTES

1 brócoli entero

1 puñado de cacahuetes

PARA LA SALSA

80 g de crema de cacahuete

2 cucharaditas de salsa de soja

2 cucharadas de aceite de oliva virgen extra

PREPARACIÓN

Precalienta el horno a 180 °C.

Lava el brócoli y colócalo en una fuente de horno con un dedo de agua. Píntalo de aceite y hornéalo 30 minutos a 180 °C. Pasados los primeros 15 minutos, dale la vuelta.

Mientras tanto, prepara la salsa: mezcla la crema de cacahuete, la salsa de soja y el aceite.

Transcurridos los 30 minutos de horno, asegúrate de que el brócoli está bien hecho. El tronco debe estar tierno y la parte de arriba un poco tostada; si está muy verde, déjalo más tiempo.

A la hora de servir, emplata el brócoli entero, riégalo con un poco de salsa y espolvorea cacahuetes troceados por encima. En un cuenco pequeño, vierte el resto de la salsa.

NOTA

Para la salsa, emulsiona con fuerza para que se integren los ingredientes; si queda muy espesa, añade un poco más de aceite.

SUSTITUCIONES

- Puedes hacer la salsa con *tahini* en vez de con crema de cacahuete.
- Si no puedes tomar soja, sáltate este ingrediente.

FLORES DE ALCACHOFA CON PATATAS DE BONIATO Y JAMÓN IBÉRICO

¡Con tan solo 3 ingredientes —y un poco de aderezo— tienes un plato completo y delicioso!

50 MINUTOS

2 RACIONES

SIN GLUTEN, SIN LACTOSA

INGREDIENTES

1 boniato grande
1 pizca de sal
20 ml de aceite de oliva virgen extra
3 alcachofas
50 g de jamón ibérico
escamas de sal Maldon

PREPARACIÓN

Precalienta el horno a 180 °C.

Pela el boniato y córtalo en tiras medianas. Ponlas en un bol con una pizca de sal y riégalas con un poco de aceite. Mezcla hasta que todo quede bien impregnado.

En una bandeja de horno forrada con papel vegetal, coloca las tiras de boniato y hornea 30 minutos a 200 °C.

Mientras tanto, pon agua a hervir. Limpia las hojas externas de las alcachofas, córtales el tallo y la parte de arriba, y añádelas en el agua hirviendo con un poco de sal. Cuécelas 10 minutos.

Retira las alcachofas del fuego y, con cuidado de no romperlas, abre las hojas para formar una flor. Seguidamente, márcalas a la plancha a fuego alto.

A la hora de servir, pon una cama de patatas de boniato y coloca encima las flores de alcachofa. Esparce tiras pequeñas de jamón y decora con unas escamas de sal Maldon.

SUSTITUCIONES
Puedes sustituir el boniato por patatas.

ENSALADA DE FRUTAS Y FETA CON MENTA

Añadir fruta fresca a las ensaladas es una de mis debilidades ¡y combinarlo con queso feta es aún mejor!

20 MINUTOS

2 RACIONES

SIN GLUTEN, VEGETARIANA

ALÉRGENOS

LÁCTEOS   FRUTOS DE CÁSCARA*

INGREDIENTES

1 aguacate
½ mango
4 fresas
100 g de queso feta
1 puñado de pistachos

PARA EL ALIÑO

1 manojo de menta fresca
zumo de ½ limón
20 ml de aceite de oliva virgen extra

PREPARACIÓN

Limpia y trocea las frutas. Corta el queso en porciones pequeñas y ponlo todo junto y mezclado en un bol bonito.

En un cuenco aparte, mezcla la menta picada, el zumo de limón y el aceite de oliva hasta que quede todo bien integrado.

Sirve esta ensalada bien fresquita regándola con el aliño y esparciendo pistachos troceados por encima.

SUSTITUCIONES
- Puedes sustituir o eliminar la fruta que quieras.
- Los pistachos se pueden sustituir por otro fruto seco o eliminar.

GAZPACHO DE FRESAS CON UN TOQUE DE ALBAHACA

En verano podría beber gazpacho cada día, así que voy probando nuevas combinaciones.

20 MINUTOS

2 RACIONES

SIN GLUTEN, VEGANA

ALÉRGENOS

DIÓXIDO DE AZUFRE Y SULFITOS*   FRUTOS DE CÁSCARA*   LÁCTEOS*

INGREDIENTES

3 tomates maduros

9 fresones

½ pepino

½ cebolla

1 cucharadita de sal

1 cucharadita de pimienta negra molida

2 cucharaditas de vinagre de Módena

unas hojas de albahaca fresca

100-150 ml de agua

1 puñado de piñones (opcional)

queso feta (opcional)

PREPARACIÓN

Limpia y trocea los tomates, y quítales también las pepitas. Ponlos en el vaso de la batidora junto con el resto de los ingredientes.

Primero añade solamente 100 ml de agua (así puedes ir controlando la consistencia del gazpacho) y luego ve agregando más agua hasta conseguir la textura deseada.

A la hora de servir, puedes esparcir piñones tostados.

SUSTITUCIONES
- En vez de fresas, añade cerezas.
- Puedes sustituir el vinagre de Módena por vinagre de vino normal.
- En caso de alergia a los sulfitos, no uses el vinagre.

CREMA FRÍA DE MANZANA CON COCO Y JENGIBRE

Con este entrante recibí a mi familia en casa para celebrar mi cumpleaños: refrescante y ligero para abrir boca.

15 MINUTOS

4 RACIONES

SIN GLUTEN, VEGANA

INGREDIENTES

2 manzanas
1 trozo pequeño de jengibre fresco
350 ml de leche de coco
hojas de menta

PREPARACIÓN

Lava, pela y trocea las manzanas en porciones pequeñas. Tritúralas a máxima potencia con la batidora, junto con el jengibre pelado y la leche de coco.

Pasa la mezcla por un colador (hay que colar muy bien para aprovechar la preparación al máximo).

Sirve en vasos de cristal. Puedes decorar con hojas de menta.

NOTA
Para hacer esta receta, yo prefiero utilizar manzanas verdes, que son más cítricas.

SUSTITUCIONES
• Puedes no añadir el jengibre.
• En vez de leche de coco, puedes usar bebida de coco (entonces son 200 ml).

CARPACCIO DE AGUACATE CON SALMÓN AHUMADO Y OLIVADA

*¡Me encanta el salmón en todas sus versiones! Este plato sorprende
por la sencillez y, a la vez, por la explosión de sabores.*

15 MINUTOS

---

2 RACIONES

**SIN GLUTEN,
SIN LACTOSA,** *LOW CARB*

ALÉRGENOS

PESCADO

INGREDIENTES

1 aguacate

80 g de salmón ahumado en
    tacos

brotes verdes

1 pizca de pimienta negra
    molida

PARA EL ALIÑO

1 cucharadita de olivada
    negra

2 cucharadas de aceite de
    oliva virgen extra

2 fresas

PREPARACIÓN

Parte el aguacate por la mitad y retira la piel y el hueso; seguidamente, corta cada mitad en tiras muy finas.

Emplata poniendo como base el aguacate laminado y añade por encima el salmón ahumado y las fresas cortadas.

Para el aderezo, combina la olivada con el aceite y riégalo todo.

Decora con unos brotes verdes y una pizca de pimienta negra molida.

CARPACCIO DE CALABACÍN Y PARMESANO

Hasta hace poco pensaba que el calabacín no se podría comer crudo...,
¡ahora me encanta tomármelo así! Como entrante de verano es una maravilla.

20 MINUTOS

2 RACIONES

SIN GLUTEN,
VEGETARIANO,
LOW CARB

ALÉRGENOS

LÁCTEOS*

INGREDIENTES

1 calabacín

50 g de queso parmesano

brotes verdes (opcional)

PARA EL ALIÑO

1 cucharadita de olivada
   negra

zumo de ½ limón

2 cucharadas de aceite de
   oliva virgen extra

PREPARACIÓN

Lava y corta el calabacín en rodajas muy finas. Colócalas en la base del plato.

Añade por encima el parmesano laminado.

A continuación, prepara el aliño: combina la olivada, el zumo de limón y el aceite, y riega por encima.

Por último, decora el *carpaccio* a tu gusto. Puedes terminarlo con un toque de brotes verdes.

NOTA

Te resultará más sencillo cortar el calabacín si lo haces con la ayuda de una mandolina.

SUSTITUCIONES

En lugar del queso, puedes añadir unas nueces troceadas para darle un punto crujiente.

SOPA FRÍA *GREEN*

Un gazpacho diferente; sin tomate.

20 MINUTOS

---

2 RACIONES

**SIN GLUTEN, VEGANA,
*LOW CARB***

ALÉRGENOS

APIO*

INGREDIENTES

1 aguacate

1 pepino

1 rama de apio

¼ de cebolla

¼ de pimiento verde

1 cucharadita de sal

1 cucharadita de pimienta
  negra molida

3 cucharadas de aceite de
  oliva virgen extra

100-150 ml de agua

PREPARACIÓN

Pela y trocea todas las verduras y el aguacate.

Vierte los trozos en un recipiente. Agrega, de entrada, 100 ml de agua y, junto con el resto de los ingredientes, tritúralo todo con la batidora. Comprueba la textura y añade más agua si lo ves necesario.

NOTA
En más de una ocasión, a la hora de servir, he regado la sopa con un aceite infusionado de albahaca: corta la albahaca finita y déjala en un bol con un poco de aceite durante toda la noche.

También puedes servirla con unas nueces troceadas por encima.

SUSTITUCIONES
- Cualquier ingrediente que no te guste de la receta, lo puedes sustituir o eliminar.
- En caso de alergia, no añadas el apio.

GAZPACHO DE MANZANA Y AGUACATE CON CANELA

Hice este gazpacho para una cena de amigos. Además de repetir dos veces, ¡fueron ellos quienes eligieron el nombre de esta receta!

20 MINUTOS

2 RACIONES

SIN GLUTEN, VEGANA

ALÉRGENOS

FRUTOS DE CÁSCARA*

INGREDIENTES

3 manzanas ácidas

1 aguacate

½ pepino

20 ml de aceite de oliva virgen extra

zumo de ½ limón

1 cucharadita de sal

100 ml de agua

1 cucharadita de canela

1 puñado de avellanas

PREPARACIÓN

Pela y trocea en porciones pequeñas las manzanas, el aguacate y el pepino.

En una batidora, pon todos los ingredientes excepto la canela y las avellanas. Tritura a máxima potencia. Si ves que queda una textura muy densa, añade un poco más de agua. Es importante triturar bien para que quede una mezcla homogénea.

Sirve el gazpacho bien frío en cuencos.

Trocea unas avellanas y mézclalas con un poco de canela en cada bol.

Por último, decora esparciendo por encima esta mezcla de avellanas y canela y unos trozos pequeños de manzana.

NOTA
En caso de alergia, no añadas las avellanas.

CARPACCIO DE REMOLACHA CON *BURRATA*

La remolacha es una hortaliza muy vistosa;
¡solo por el color ya te conquista!

20 MINUTOS
(+ 30 MINUTOS
SI HAY QUE HERVIR
LA REMOLACHA)

---

2 RACIONES

SIN GLUTEN,
VEGETARIANA

ALÉRGENOS

LÁCTEOS*   FRUTOS DE
           CÁSCARA*

INGREDIENTES

1 remolacha cocida

1 *burrata* o *mozzarella*

1 puñado de piñones

1 puñado de menta fresca o
   cualquier otra hierba
   aromática

2 cucharadas de aceite de
   oliva virgen extra

PREPARACIÓN

Si tienes remolacha cruda, hiérvela durante 30 minutos. Una vez cocinada y pelada, córtala en rodajas muy finas. Te recomiendo que lo hagas con una mandolina.

Coloca las láminas de remolacha en la base de un par de platos bonitos.

Añade por encima la *burrata* troceada y los piñones previamente salteados.

Decora con un poco de menta fresca picada y riega con aceite.

SUSTITUCIONES

- Para una versión vegana, sustituye el queso por aguacate laminado.
- En caso de alergia, no añadas los piñones.

GAZPACHO DE REMOLACHA CON SANDÍA

Una crema fría llena de color y sabor. La sandía es antioxidante
y una de las frutas que se asocian indiscutiblemente al verano.

15 MINUTOS

2 RACIONES

SIN GLUTEN, VEGETARIANO

ALÉRGENOS

LÁCTEOS*   FRUTOS DE CÁSCARA*

INGREDIENTES

1 remolacha
¼ de sandía
20 ml de aceite de oliva virgen extra
1 cucharadita de sal
50 g de queso feta
1 puñado de pistachos

PREPARACIÓN

En un procesador de alimentos, añade la remolacha cocida, la sandía troceada, el aceite y la sal. Tritura a máxima potencia.

Sirve en boles y decora con el queso feta desmigado y los pistachos enteros.

NOTA
Si tienes remolacha cruda, hiérvela durante 30 minutos y luego pélala.

SUSTITUCIONES
Puedes decorarlo con otros *toppings*; los que más te gusten.

ENSALADA DE BREVAS Y MELÓN CON QUESO DE CABRA

La temporada de brevas precede a la de higos; es un fruto que despide la primavera e inaugura el verano.

15 MINUTOS

2 RACIONES

SIN GLUTEN, VEGETARIANA

ALÉRGENOS

LÁCTEOS*   **DIÓXIDO DE AZUFRE Y SULFITOS***

INGREDIENTES

3 brevas

¼ de melón

150 g de rúcula o canónigos

60 g de rulo de cabra

20 ml de aceite de oliva virgen extra

crema de vinagre balsámico

PREPARACIÓN

Lava y corta las brevas en rodajas y el melón en bolas o trozos pequeños.

En cada plato, pon una base de rúcula o canónigos, añade el queso de cabra desmigado y luego las brevas cortadas y, finalmente, el melón.

Riega con aceite y pinta con un poco de vinagre balsámico.

SUSTITUCIONES
- Puedes aderezar solo con aceite.
- Puedes no añadir el queso de cabra.

BERENJENAS CON ALCACHOFAS MARINADAS

Esta fue la última receta que cociné del libro.
¡Espero que la disfrutes tanto como yo!

50 MINUTOS

2 RACIONES

SIN GLUTEN, VEGANA,
LOW CARB

ALÉRGENOS

FRUTOS DE CÁSCARA*

INGREDIENTES

2 berenjenas

1 pizca de sal

aceite de oliva virgen extra

1 bote de alcachofas en conserva (280 g aproximadamente)

1 puñado de piñones

PARA EL MARINADO

¼ de cebolla morada

el zumo de 1 limón

20 ml de aceite de oliva virgen extra

½ cucharadita de sal

unas ramitas de cebollino fresco

PREPARACIÓN

Precalienta el horno a 180 °C.

Limpia y corta las berenjenas en rodajas de 2 cm de grosor. Ponlas en una bandeja de horno con un dedo de agua en la base y alíñalas con una pizca de sal y aceite. Hornea a 180 °C durante 40 minutos.

Abre el bote de alcachofas, escúrrelas y pásalas por agua para quitarles el sabor avinagrado. A continuación, saltéalas 5 minutos en una sartén a fuego fuerte.

Mientras tanto, prepara el marinado: mezcla la cebolla troceada finamente, el zumo de limón, el aceite, la sal y el cebollino picado.

Una vez salteadas las alcachofas, incorpóralas al marinado.

A la hora de emplatar, haz una base de berenjenas y añade por encima las alcachofas marinadas.

Decora con unos piñones tostados.

> **NOTA**
> En caso de alergia, no añadas los piñones.

SOPA DE CALABAZA Y TOMATES ASADOS

Esta sopa triunfó cuando la publiqué en mi Instagram.
Es reconfortante y perfecta para los días de frío y lluvia.

50 MINUTOS

2-4 RACIONES

SIN GLUTEN, VEGANA

INGREDIENTES

400 g de calabaza
200 g de tomates cherris
3 chalotas
1 pizca de sal
3 cucharadas de aceite de
    oliva virgen extra
hojas de albahaca fresca

PREPARACIÓN

Precalienta el horno a 180 °C.

Pela y corta la calabaza en dados medianos y, a continuación, ponla en una bandeja de horno junto con los tomates, las chalotas y la sal. Riega con aceite.

Hornea 40 minutos a 180 °C.

Transcurrido este tiempo, pon todos los ingredientes asados, junto con el jugo que han soltado y las hojas de albahaca, en un vaso medidor. Tritura con la minipímer.

Si ves que hay poco líquido, puedes agregar agua hasta conseguir la textura deseada.

Sirve.

NOTA
Opcionalmente, puedes decorar esta sopa con un poco de parmesano rallado por encima.

SUSTITUCIONES
• En vez de calabaza, puedes hacer esta receta con boniato.
• Si lo prefieres, sustituye las chalotas por media cebolla.

Principales

PASTA CON SALSA DE CALABAZA Y PIMIENTOS ASADOS

De las mejores salsas para acompañar una pasta. Desde que la cociné por primera vez, la he repetido en muchas ocasiones.

**15 MINUTOS
+ 40 MINUTOS DE HORNO**

2 RACIONES

SIN GLUTEN, VEGANA

INGREDIENTES
400 g de calabaza
2 pimientos rojos
250 g de champiñones
1 pizca de sal
180 g de espaguetis
150 ml de agua

PREPARACIÓN

Precalienta el horno a 180 °C.

Pela y trocea la calabaza. Ásala junto con los pimientos a 180 °C durante 40 minutos.

Mientras tanto, corta los champiñones en trozos pequeños y saltéalos hasta que se doren.

Una vez cocidas las verduras (la calabaza y los pimientos), tritúralas con la minipímer junto con el agua y una pizca de sal hasta obtener una crema. Si queda una salsa muy densa, añade más agua hasta conseguir la textura deseada.

Viértela en una sartén a fuego lento.

Hierve la pasta siguiendo las instrucciones del fabricante. Reserva un cazo de agua de la cocción.

Hervida la pasta, incorpórala en la sartén junto con los champiñones y el cucharón de agua. Mezcla hasta que todos los ingredientes estén bien integrados.

Sirve.

NOTA
Puedes acompañar el plato con parmesano o queso vegano.

SUSTITUCIONES
En vez de pimientos, puedes usar tomates. Sigue los mismos pasos de elaboración.

BERENJENAS RELLENAS DE CARNE PICADA CON *TAHINI*

Si quieres impresionar a alguien, sirve la comida dentro de la propia verdura. ¡Queda muy resultón!

**15 MINUTOS
+ 35 MINUTOS DE HORNO**

---

2 RACIONES

**SIN GLUTEN,
SIN LACTOSA, *LOW CARB***

ALÉRGENOS

SÉSAMO   MOSTAZA

INGREDIENTES

2 berenjenas

½ cebolla o 2 chalotas

1 calabacín

300 g de carne picada de
  ternera y/o de cerdo

1 pizca de sal

1 pizca de semillas de
  sésamo (opcional)

unas ramas de cilantro
  fresco (opcional)

20 g de salsa de tomate
  (opcional)

PARA EL ALIÑO

4 cucharaditas de *tahini*

2 cdtas. de mostaza de Dijon

2 cucharadas de aceite de
  oliva virgen extra

PREPARACIÓN

Precalienta el horno a 180 °C.

Lava y corta las berenjenas por la mitad (a lo largo) y luego haz cortes en forma de equis en cada mitad para que se asen mejor. Hornéalas 35 minutos a 180 °C. Deben quedar blandas.

Mientras tanto, trocea la cebolla y saltéala en una sartén hasta que esté dorada. Agrega entonces el calabacín cortado en dados y la carne picada. Añade sal al gusto y cocina hasta que la carne esté bien hecha.

Prepara el aliño: en un bol, mezcla todos los ingredientes de la lista hasta que te quede una salsa homogénea.

Una vez asadas las berenjenas, vacíalas con cuidado de no romper la piel. Mezcla las pulpas con el salteado que has preparado anteriormente.

Rellena las berenjenas y alíñalas.

A la hora de servir, puedes acompañar el plato con semillas de sésamo, cilantro fresco y puntos de salsa de tomate.

SUSTITUCIONES
En vez de carne de ternera y/o de cerdo picada, puedes emplear la proteína que más te guste: pollo, soja texturizada o legumbres.

ENSALADA TEMPLADA DE KALE

¡Una ensalada nutritiva y llena de verde!

25 MINUTOS

---

2 RACIONES

SIN GLUTEN, VEGETARIANA

ALÉRGENOS

LÁCTEOS* MOSTAZA FRUTOS DE CÁSCARA*

INGREDIENTES

1 boniato pequeño

2 puñados de tomates cherris

200 g de kale

200 g de guisantes congelados

aceite de oliva virgen extra

piñones tostados

queso parmesano laminado

PARA EL ALIÑO

3 cucharaditas de mostaza de Dijon

3 cucharadas de aceite de oliva virgen extra

zumo de ½ limón

PREPARACIÓN

Pon agua a hervir y, mientras tanto, pela y trocea el boniato en dados pequeños y corta los tomates por la mitad.

Limpia el kale y quítale el tallo; quédate solo con las hojas.

Cuando el agua empiece a hervir, añade el kale y cocínalo durante 5 minutos o hasta que cambie de color. Escúrrelo y reserva.

En una sartén, saltea los guisantes previamente descongelados con un poco de aceite durante 5 minutos. En otra, el boniato con los tomates.

Mientras tanto, prepara el aliño: en un bol, mezcla bien todos los ingredientes para que te quede una salsa homogénea.

A la hora de servir, pon el kale en la base del plato, luego añade los guisantes y, por encima, reparte el boniato y los tomates.

Decora con unos piñones tostados y un poco de parmesano laminado.

Por último, riega la ensalada con el aliño.

SUSTITUCIONES
- En vez de guisantes, puedes utilizar garbanzos o lentejas.
- Los ingredientes para la decoración son sustituibles; a tu gusto.
- Para una versión sin lácteos, no añadas el parmesano.

PASTA CON CALABACÍN AL LIMÓN

El calabacín es otro imprescindible de mi cocina. ¡Y queda genial en esta receta de pasta con solo 3 ingredientes principales!

25 MINUTOS

2 RACIONES

SIN GLUTEN, VEGANA

INGREDIENTES

½ cebolla

1 trozo pequeño de jengibre o 1 diente de ajo

1 calabacín

ralladura de 1 limón

zumo de ½ limón

sal al gusto

pimienta negra molida al gusto

160 g de pasta

PREPARACIÓN

Trocea la cebolla y dórala en una sartén junto con el jengibre rallado. Seguidamente, agrega el calabacín cortado en dados pequeños.

Al cabo de 10 minutos, incorpora la ralladura y el zumo de limón y salpimienta al gusto. Saltea hasta que el calabacín esté dorado.

Mientras tanto, hierve la pasta según las indicaciones del fabricante. Reserva medio cazo de agua de la cocción.

Una vez hervida la pasta, añádela junto con el medio cazo de agua al salteado; de esta forma quedará más cremoso.

Cuando todos los ingredientes estén bien integrados, ya puedes servir.

SUSTITUCIONES
En vez de calabacín, puedes usar otra verdura verde como, por ejemplo, espárragos trigueros.

ALBÓNDIGAS CON SALSA DE ZANAHORIA Y TOMILLO

Te aconsejo que prepares unas rebanadas de pan porque, sin duda, vas a querer rebañar esta salsa hasta dejar el plato limpio.

45 MINUTOS

2-3 RACIONES

SIN GLUTEN, SIN LACTOSA

ALÉRGENOS

HUEVOS

INGREDIENTES

PARA LA SALSA

1 puerro

2 zanahorias

1 pizca de sal

450 ml de caldo de verduras

200 ml de tomate triturado

1 manojo de tomillo fresco

PARA LAS ALBÓNDIGAS

1 manojo de cebollino

400 g de carne picada de ternera

1 huevo

30 g de pan rallado

sal al gusto

pimienta negra molida al gusto

PREPARACIÓN

Empieza preparando la salsa: limpia el puerro —quítale las hojas más verdes y la punta—, córtalo en trozos pequeños y rehógalos en una cacerola. A continuación, añade las zanahorias troceadas con una pizca de sal.

Una vez doradas las verduras, incorpora en la cazuela el caldo, el tomate y el tomillo troceado. Deja cocinar a fuego lento.

Ahora, prepara las albóndigas: pica el cebollino, mezcla e integra bien todos los ingredientes de la lista, haz bolas con la masa resultante y dóralas a fuego alto en una sartén. Resérvalas una vez cocinadas.

Por último, cuando la zanahoria esté blanda, tritura toda la preparación de la salsa y viértela en la sartén donde has cocinado las albóndigas. Luego añade de nuevo las albóndigas y cocínalo todo junto 10 minutos a fuego medio.

Sirve de inmediato.

SUSTITUCIONES
- Las albóndigas también pueden ser de pollo o de proteína vegetal.
- Puedes sustituir la zanahoria por 100 g* de calabaza.

JAMONCITOS CON CHALOTAS Y ACEITUNAS

Esta receta representa a la perfección la cocina mediterránea.
¡Soy una enamorada de cualquier elaboración que lleve aceitunas!

10 MINUTOS
+ 40 MINUTOS DE HORNO

2 RACIONES

SIN GLUTEN,
SIN LACTOSA, *LOW CARB*

INGREDIENTES

4 jamoncitos (muslos de
    pollo)

sal al gusto

pimienta negra molida al
    gusto

4 chalotas

100 g de aceitunas verdes sin
    hueso

ramas de romero (opcional)

3 cucharadas de aceite de
    oliva virgen extra

PREPARACIÓN

Precalienta el horno a 180 °C.

Pon los muslos de pollo en una fuente de horno y salpiméntalos.

Parte las chalotas en dos. Añádelas a la fuente junto con las aceitunas y el romero.

Riega con el aceite y hornea 40 minutos a 200 °C con calor arriba y abajo.

Puedes servir los jamoncitos en la misma fuente o emplatarlos con una buena presentación.

SUSTITUCIONES

En vez de chalotas, puedes usar una cebolla grande cortada en dados o añadir un puñado de ajos.

SALMÓN A LA PLANCHA CON *CHUTNEY* DE MANGO PICANTE

¿Sabías que el dulce y el picante combinan a la perfección? Pruébalo en esta receta fresca y sencilla.

30 MINUTOS

2 RACIONES

SIN GLUTEN, SIN LACTOSA

ALÉRGENOS

PESCADO

INGREDIENTES

1 mango

½ cebolla morada

1 puñado de cilantro o de perejil

1 cucharadita de pimentón picante

1 cucharadita de comino

1 cucharadita de sal

unas gotas de aceite de oliva virgen extra

2 lomos de salmón

1 manojo de espárragos trigueros

100 g de arroz

PREPARACIÓN

Por un lado, pela el mango y córtalo en trocitos muy muy pequeños. Corta la cebolla de la misma forma. Ponlos en un bol junto con el cilantro picado, el pimentón, el comino, la sal y el aceite. Mezcla bien todos los ingredientes.

A continuación, cocina el salmón a la plancha, saltea los espárragos y hierve el arroz. Una vez esté hecho el arroz, cuélalo y pásalo por agua caliente para que quede suelto.

A la hora de servir, añade una base de arroz en el plato, coloca el salmón y los espárragos encima y, finalmente, riega con la salsa picante.

> **NOTA**
> El aceite puede ser picante si le quieres dar a la receta un punto extra de picor.

MINIHAMBURGUESAS CON CEBOLLA CARAMELIZADA Y PATATAS GAJO MEDITERRÁNEAS

En realidad, aquí hay dos recetas. Empieza cocinando las patatas, que son una delicia, y, mientras tanto, prepara las minihamburguesas.

45 MINUTOS

2 RACIONES

SIN GLUTEN

ALÉRGENOS

LÁCTEOS*

INGREDIENTES

PARA LAS PATATAS

3 patatas

2 cucharaditas de sal

1 rama de romero

1 cucharadita de pimentón, dulce o picante

3 cucharadas de aceite de oliva virgen extra

PREPARACIÓN

Precalienta el horno a 180 °C.

Corta las patatas en gajos y ponlas en un bol. Añade la sal, el romero finamente picado y el pimentón. Riega con aceite de forma que quede todo bien empapado.

Coloca las patatas en una bandeja forrada con papel vegetal e introdúcelas en el horno a 180 °C durante 30-40 minutos o hasta que veas que están doraditas.

2 hamburguesas de carne de
ternera

3 lonchas de queso
(opcional)

3 cucharadas de cebolla
caramelizada (ver receta
pág. 36)

salsa (de mayonesa, de
tomate, etc.) para
acompañar las patatas
(opcional)

Corta cada hamburguesa en tres trozos para obtener 6 minihamburguesas. Redondea un poco los cantos.

Cocínalas a la plancha al punto de cocción que más te guste. Cuando estén casi hechas, pon una loncha de queso encima de cada una y deja que se funda.

Por último, añade media cucharada de cebolla caramelizada encima de cada minihamburguesa.

A la hora de servir, puedes acompañar las patatas con una salsa.

NOTA
- Si quieres, puedes preparar un acompañamiento verde, como los espárragos trigueros de la foto. Saltea la verdura que prefieras a tu gusto.
- La salsa que yo he usado para acompañar las patatas es mayonesa con cebollino fresco picado.

SUSTITUCIONES
- Las minihamburguesas también pueden ser de pollo.
- Si lo prefieres, prepara las hamburguesas sin convertirlas en minihamburguesas. También tienen una presentación excelente.

PASTA CREMOSA CON ALCACHOFAS

¡Aprovecha la temporada de alcachofas para preparar esta receta llena de verduras!

30 MINUTOS

2 RACIONES

SIN GLUTEN, VEGETARIANA

ALÉRGENOS

HUEVOS   **LÁCTEOS**

INGREDIENTES

½ cebolla

1 berenjena

3 alcachofas

150 g de macarrones

2 yemas de huevo

100 g de queso parmesano rallado

1 cucharadita de pimienta negra molida

1 cucharadita de sal

PREPARACIÓN

Pica la cebolla y dórala en una sartén.

Corta la berenjena en dados y las alcachofas en láminas, y añádelas a la sartén.

Mientras tanto, hierve la pasta siguiendo las indicaciones del fabricante y reserva un cazo del agua de la cocción.

En un bol, mezcla las yemas con el queso, la pimienta negra y la sal.

Una vez cocinadas las verduras y hervida la pasta, añade el cazo de agua a la mezcla de yema y parmesano, y luego agrégala a la sartén de las verduras junto con la pasta. De esta manera, el plato quedará más cremoso e integrado.

A la hora de servir, puedes espolvorear un poco más de parmesano por encima.

BOLOÑESA CON ESPIRALES DE CALABACÍN

¡Una manera genial de comer boloñesa y más verduras!

30 MINUTOS

2 RACIONES

SIN GLUTEN

ALÉRGENOS

LÁCTEOS*

INGREDIENTES

½ cebolla

3 zanahorias

1 pizca de sal

300 g de carne picada de ternera

200 g de tomate frito

1 calabacín

50 g de queso parmesano

PREPARACIÓN

Para preparar la boloñesa, corta la cebolla en daditos y dórala mientras picas las zanahorias y las añades a la cebolla junto con la sal. Una vez salteadas, agrega la carne picada, cocínala y, a continuación, incorpora la salsa de tomate. Mezcla y deja reducir a fuego lento.

Para preparar el calabacín, necesitas un espiralizador de verduras. Con este utensilio, podrás hacer las espirales. Luego, a mí me gusta saltearlas 5 minutos a la plancha a fuego alto para cocerlas sin que se queden aguadas ni muy blandas.

A la hora de emplatar, pon una base de espirales de calabacín, añade la boloñesa y, finalmente, ralla un poco de parmesano por encima.

NOTA
El espiralizador es un utensilio que puedes adquirir fácilmente en las tiendas de menaje de cocina o por internet.

SUSTITUCIONES
- Como alternativa a la carne, utiliza soja texturizada.
- Para una versión sin lactosa, puedes prescindir del queso.

SALMÓN A LA NARANJA

*Una receta con otro de los ingredientes básicos
de mi cocina: el salmón.*

**45 MINUTOS + 1 HORA
DE MARINADO**

---

2 RACIONES

**SIN GLUTEN,
SIN LACTOSA**

ALÉRGENOS

PESCADO   **SOJA***

INGREDIENTES

zumo de ½ naranja

2 cucharadas de salsa de soja

2 lomos de salmón

2 patatas

½ cebolla

PREPARACIÓN

En un plato, vierte el zumo de naranja y la salsa de soja y añade el salmón. Déjalo marinar 1 hora en la nevera.

Precalienta el horno a 180 °C.

Corta las patatas en rodajas y la cebolla en juliana. Colócalas mezcladas en dos fuentes de horno pequeñas o en una grande. Hornéalas 20 minutos a 180 °C.

Transcurrido este tiempo, introduce el salmón marinado junto con su jugo en las fuentes y hornea de nuevo durante 20 minutos.

Sirve en las mismas fuentes.

SUSTITUCIONES
En caso de alergia, se puede prescindir de la salsa de soja.

GNOCCHI CON SALSA DE VERDURAS

Receta ideal para dar salida a esas verduras que están a punto de estropearse en la nevera.

40 MINUTOS

2 RACIONES

SIN GLUTEN, VEGETARIANA

ALÉRGENOS

LÁCTEOS*

INGREDIENTES

½ puerro o 1 puerro pequeño

2 zanahorias

120 ml de caldo de verduras

100 ml de tomate natural triturado

1 paquete de *gnocchi* (350-400 g)

40 g de queso parmesano (opcional)

PREPARACIÓN

Lava, pela y trocea el puerro y las zanahorias; dóralos en una sartén.

Seguidamente, agrega el caldo y la salsa de tomate y deja reducir a fuego medio hasta que las verduras estén blanditas.

Mientras tanto, pon agua a hervir y cuece los *gnocchi* siguiendo las instrucciones del fabricante.

A continuación, tritura las verduras cocinadas y vierte de nuevo la salsa en la sartén junto con los *gnocchi* hervidos.

Sirve con un poco de parmesano rallado.

SUSTITUCIONES
Puede hacerse con cebolla en vez de puerro y añadir alguna otra verdura como, por ejemplo, pimientos.

ENSALADA TEMPLADA DE ACELGAS, CALABAZA Y POLLO CON VINAGRETA DE MOSTAZA

Un plato completo fantástico para llevar en un táper al trabajo.

40 MINUTOS

2 RACIONES

SIN GLUTEN,
SIN LACTOSA

ALÉRGENOS

FRUTOS DE   MOSTAZA*
CÁSCARA*

INGREDIENTES

300 g de calabaza

2 manojos de acelgas o de espinacas

2 pechugas de pollo

1 puñado de nueces pecanas

PARA EL ALIÑO

2 cucharaditas de mostaza de Dijon

3 cucharadas de aceite de oliva virgen extra

pimienta negra molida al gusto

PREPARACIÓN

Hierve la calabaza previamente pelada y troceada hasta que esté blandita.

Mientras tanto, limpia y corta las acelgas en trozos. Saltéalas en una sartén. Una vez listas, añade las pechugas de pollo cortadas en dados y saltéalo todo junto.

Prepara el aliño: combina e integra bien todos los ingredientes de la lista.

A la hora de servir, pon en el plato una base de acelgas y pollo, añade la calabaza hervida y las nueces pecanas troceadas por encima y, finalmente, aidereza.

SUSTITUCIONES
- Puedes sustituir el pollo por la proteína que más te guste y, en vez de calabaza, puedes usar boniato o patata.
- En caso de alergia, elimina las nueces pecanas y, en lugar de mostaza, utiliza *tahini*.

BURGERS DE POLLO Y ZANAHORIA CON MAYONESA

*Una forma diferente de comer pechuga de pollo;
una receta perfecta para los más pequeños de la casa.*

30 MINUTOS

2-3 RACIONES

**SIN GLUTEN,
SIN LACTOSA**

ALÉRGENOS

HUEVOS

INGREDIENTES

2 pechugas de pollo
2 zanahorias
1 huevo
50 g de harina
aceite de oliva virgen extra

PARA LA MAYONESA

40 g de mayonesa
zumo de ½ limón
1 rama de eneldo fresco

PREPARACIÓN

En el vaso de un procesador de alimentos, añade las pechugas, las zanahorias peladas y troceadas y el huevo. Tritura, pasa la masa a un bol e incorpora la harina. Mézclalo todo bien hasta conseguir una masa homogénea.

Calienta un poco de aceite en una sartén, coge una cucharada grande de masa y ponla al fuego dándole forma redondeada y un poco aplastada. Marca cada hamburguesa por los dos lados.

Para preparar la salsa, mezcla la mayonesa con el zumo de limón y el eneldo picado.

A la hora de servir, pon las hamburguesas en un plato y riégalas con la salsa.

SUSTITUCIONES

- En vez de zanahorias, puedes utilizar un boniato o 150 g de calabaza, ambos previamente cocidos.
- Respecto al aderezo, puedes acompañar este plato con la salsa que más te guste: mostaza, salsa de tomate, etc.

BOL DE SALMÓN CON SALSA DE YOGUR Y ENELDO

Este plato me recuerda a Grecia: todo tan fresco y mediterráneo...

25 MINUTOS

2-3 RACIONES

SIN GLUTEN

ALÉRGENOS

PESCADO* FRUTOS DE   LÁCTEOS*
          CÁSCARA*

INGREDIENTES

2 lomos de salmón

1 puñado de piñones
   (opcional)

1 aguacate

80 g de mézclum de hojas
   verdes

PARA EL ALIÑO

1 yogur griego

1 manojo de eneldo fresco
   picado

zumo de ½ limón

1 cucharadita de sal

PREPARACIÓN

Corta el salmón en dados y márcalo en una sartén. En otra, tuesta los piñones.

Pela y corta el aguacate en láminas.

Prepara el aliño: mezcla e integra bien todos los ingredientes de la lista.

A la hora de servir, pon en cada plato una base de mézclum de hojas verdes, añade por encima los dados de salmón, el aguacate laminado y los piñones tostados y, por último, riega con el aliño.

SUSTITUCIONES
- Puedes utilizar la proteína que quieras y, en vez de piñones, otro fruto seco o simplemente nada.
- Para una versión sin lactosa, en lugar de yogur griego, usa yogur vegetal.

RISOTTO VERDE DE GUISANTES CON ESPÁRRAGOS

Este fue el plato principal del menú que preparé para celebrar mi cumpleaños.

45 MINUTOS

---

4 RACIONES

SIN GLUTEN, VEGETARIANA

ALÉRGENOS

LÁCTEOS

INGREDIENTES

250 g de guisantes congelados + 50 g para decorar

½ cebolla

200 g de arroz

1 cucharadita de sal

1 manojo de espárragos trigueros

aceite de oliva virgen extra

50 g de queso parmesano + 20 g para decorar

1 cucharadita de pimienta negra molida

PREPARACIÓN

Hierve los guisantes y luego ponlos en un vaso medidor junto con 5 cucharones del agua de la cocción. Tritura con la minipímer. Reserva el resto del agua de la cocción.

En una sartén o cacerola, dora a fuego medio la cebolla previamente picada. Agrega el arroz y dóralo también unos 5 minutos.

Añade la crema de guisantes y la sal a la sartén y ve removiendo para que el arroz suelte el almidón y quede cremoso. Si ves que falta líquido, vierte poco a poco más agua de la cocción que has reservado.

Ahora, en otra sartén, saltea los espárragos troceados y el resto de los guisantes —los que son para decorar— con un poco de aceite.

Una vez cocido el arroz, apaga el fuego y añade el parmesano rallado —sigue guardando la pequeña cantidad para decorar— y las verduras salteadas. Mezcla bien.

A la hora de servir, decora el plato con un poco más de parmesano y espolvorea una pizca de pimienta negra molida por encima.

> **SUSTITUCIONES**
> Si no te gustan los espárragos, usa otra verdura verde o champiñones.

MOLLETES DE *STEAK TARTAR*

*Se han hecho muchas versiones de brioche relleno;
os comparto una idea fácil para preparar en casa.*

30 MINUTOS

4 RACIONES

SIN GLUTEN

ALÉRGENOS

DIÓXIDO DE AZUFRE Y SULFITOS · LÁCTEOS* · MOSTAZA

INGREDIENTES

150 g de *steak tartar* ya preparado

1 puñado de pepinillos en vinagre

1 manojo pequeño de cebollino fresco

1 cucharadita de sal

1 cucharadita de pimienta negra molida

20 g de mantequilla (opcional)

1 cucharadita de mostaza de Dijon

4 panecillos tipo brioche o pan de leche

aceite de oliva virgen extra

PREPARACIÓN

En un bol, pon el *steak tartar*, los pepinillos troceados, el cebollino picado, la sal, la pimienta negra, la mantequilla a temperatura ambiente y la mostaza. Mézclalo todo muy bien.

Coge los panecillos y hazles un corte de forma rectangular en la parte superior sin llegar a las puntas para poder vaciar un poco de miga. A continuación, tuéstalos a la plancha con un poco de mantequilla o aceite hasta que veas que quedan dorados por todos los lados.

A la hora de servir, rellena los molletes con el macerado de *steak tartar* hasta terminar la preparación.

SUSTITUCIONES
- En vez de carne, puedes elegir otra proteína animal: pollo o salmón.
- Puedes sustituir los pepinillos por alcaparras.

BOL DE CARNE ESPECIADA CON SALSA DE YOGUR

Aunque nunca he ido a México, esta receta me recuerda a la cocina de ese país. ¡Un destino que tenemos pendiente!

35 MINUTOS

2 RACIONES

SIN GLUTEN

ALÉRGENOS

LÁCTEOS*

INGREDIENTES

1 cebolla morada

2 zanahorias

1 calabacín

300 g de carne picada ecológica de ternera

200 ml de tomate natural triturado o 150 ml de tomate frito

1 pizca de sal

1 cucharadita de comino

1 cucharadita de pimentón dulce o picante (al gusto)

1 aguacate

1 yogur griego

cebollino fresco

PREPARACIÓN

Pica la cebolla y dora la mitad en una sartén.

Agrega las zanahorias y el calabacín lavados y troceados en porciones pequeñas.

Una vez salteadas las verduras, añade a la sartén la carne, el tomate triturado, la sal, el comino y el pimentón, y cocínalo todo junto a fuego medio hasta que se reduzca la salsa.

A la hora de servir, reparte la carne especiada, el aguacate cortado previamente, la cebolla picada que ha sobrado y el yogur.

Decora con cebollino picado.

SUSTITUCIONES

- En vez de carne de ternera, puedes hacer esta receta con pollo.
- Si no te gusta alguna de las especias, elimínala o sustitúyela.
- Para una versión sin lácteos, puedes usar 125 g de yogur vegetal en lugar del yogur griego.

HUEVOS TURCOS *EXPRESS*

*Mi manera de preparar rápidamente este plato
tan emblemático y rico de Turquía.*

30 MINUTOS

4 RACIONES

SIN GLUTEN,
VEGETARIANA

ALÉRGENOS

HUEVOS   LÁCTEOS*   FRUTOS DE
CÁSCARA*

INGREDIENTES

PARA LA SALSA
DE YOGUR

200 g de yogur griego

hojas de menta fresca

1 manojo de cebollino fresco

1 cucharadita de sal

1 cdta. de pimienta negra
molida

PARA LA SALSA
ESPECIADA

50 g de mantequilla

1 cdta. pequeña de pimentón
dulce o picante (al gusto)

1 cucharadita de comino

1 cucharada de aove

4 huevos

20 g de piñones (opcional)

rebanadas de pan

PREPARACIÓN

Elabora la salsa de yogur: primero, pica finamente la menta
y el cebollino y luego mezcla bien todos los ingredientes. Reserva en la nevera.

A continuación, prepara la salsa especiada: derrite la
mantequilla en un bol, añade las especias y mezcla bien. Reserva a temperatura ambiente.

Ahora cocina los huevos: calienta un poco de aceite en
una sartén y, una vez caliente, casca los huevos en el mármol, añádelos a la sartén y tápalos para que se hagan bien,
hasta que la yema cambie a un color rosa claro.

Finalmente, tuesta los piñones en otra sartén.

A la hora de servir, pon una cama de salsa de yogur en el
plato, añade los huevos por encima, riega con la salsa especiada y decora con los piñones tostados. Acompáñalo todo
con las rebanadas de pan.

SUSTITUCIONES
Para una versión sin lácteos, sustituye el yogur griego
por uno vegetal y, en vez de mantequilla, usa aceite de
oliva.

ARROZ TRES VERDURAS AL ESTILO ASIÁTICO

Inspirada en el clásico arroz tres delicias.

35 MINUTOS

2 RACIONES

SIN GLUTEN,
VEGETARIANA

ALÉRGENOS

HUEVOS   SOJA*

INGREDIENTES

1 calabacín

2 zanahorias

1 puerro

3 cucharadas de aceite de
    oliva virgen extra

130 g de arroz

3 huevos

3 cucharadas de salsa de soja

PREPARACIÓN

Lava y corta las verduras en trozos pequeños y saltéalas con un poco de aceite en una sartén bien caliente hasta que se doren.

Mientras tanto, hierve el arroz siguiendo las indicaciones del fabricante. Una vez cocido, déjalo escurrir.

Cuando las verduras estén hechas, añade a la sartén los huevos previamente batidos y remueve con rapidez para que quede todo bien integrado.

Por último, incorpora el arroz y un poco de salsa de soja para dar color y potenciar el sabor.

Sirve.

SUSTITUCIONES
- Puedes añadir las verduras que más te gusten.
- En caso de alergia, no uses la salsa de soja y sustitúyela por un poco de aceite de oliva virgen extra.

PINCHOS DE POLLO CON VERDURAS

¡Perfectos para una barbacoa con amigos!
Recuerda que necesitarás unos palillos alargados de madera.

25 MINUTOS

2 RACIONES

**SIN GLUTEN,
SIN LACTOSA,** *LOW CARB*

INGREDIENTES

2 pechugas de pollo

¼ de cebolla

1 calabacín pequeño
    o mediano

¼ de pimiento rojo o verde

½ zanahoria

1 puñado de tomates cherris

unas ramas de romero fresco
    u otra hierba aromática

aceite de oliva virgen extra

1 pizca de sal

PREPARACIÓN

Corta el pollo en dados y lava y trocea la cebolla, el calabacín, el pimiento y la zanahoria en porciones de un tamaño similar.

Monta los pinchos intercalando la carne y todas las verduras.

Calienta una plancha y pon las ramas de romero con un poco de aceite y sal. Coloca los pinchos y cocínalos a fuego medio dándoles la vuelta de vez en cuando para que se hagan por todos los lados.

Cuando las verduras y el pollo estén bien dorados, ya los puedes servir.

SUSTITUCIONES
Puedes hacer la receta con las verduras que más te gusten.

BOL DE QUINOA CON VERDURAS ASADAS Y HUEVO DURO

Una idea perfecta y completa para el táper del mediodía.

25 MINUTOS

2 RACIONES

SIN GLUTEN, VEGETARIANA, SIN LACTOSA

ALÉRGENOS

HUEVOS*

INGREDIENTES

150 g de quinoa

2 o 4 huevos (según la cantidad que quieras por persona)

1 puñado de tomates cherris

80 g de champiñones

una pizca de sal

1 calabacín

pimienta negra molida

aceite de oliva virgen extra

PREPARACIÓN

En una cacerola, hierve la quinoa siguiendo las indicaciones del fabricante y, en otra, cuece los huevos durante 12 minutos.

Corta los tomates por la mitad y lava y trocea los champiñones. Saltéalos juntos con una pizca de sal.

En otra sartén, saltea el calabacín lavado y cortado en trozos pequeños.

A la hora de servir, pon en cada bol una base de quinoa, el huevo duro cortado por la mitad a un lado, el salteado de champiñones y tomates a otro lado y, por último, el calabacín en otro rincón del plato.

Adereza con un poco de pimienta negra molida y aceite de oliva virgen extra.

SUSTITUCIONES

- En vez de quinoa, puedes usar arroz o trigo sarraceno.
- Elige y saltea las verduras que más te gusten para elaborar este plato.
- Puedes sustituir los huevos por la proteína que prefieras.

ALBÓNDIGAS DE POLLO AL LIMÓN CON ORÉGANO

En la página 108 de este libro tienes una receta de albóndigas de ternera; ahora quería compartir contigo una versión diferente con otra proteína.

40 MINUTOS

2 RACIONES

SIN GLUTEN, SIN LACTOSA

INGREDIENTES

200 g de calabaza

1 brócoli

2 pechugas de pollo

ralladura de 1 limón

2 cucharaditas de orégano

1 pizca de sal

2 cucharadas de aceite de oliva virgen extra

40 g de harina o de pan rallado

PREPARACIÓN

Precalienta el horno a 180 °C.

Pela la calabaza y córtala en trozos; trocea también el brócoli. Coloca las verduras en una bandeja de horno y hornéalas 30 minutos a 200 °C.

A continuación, echa el pollo, la ralladura de limón, el orégano, la sal y el aceite en una procesadora de alimentos y tritura. Pasa la masa a un bol, agrega la harina y mezcla bien.

Coge una cucharada de masa y dale forma redonda. Repite este paso hasta terminar con la masa.

En una sartén caliente, cocina las albóndigas con un poquito de aceite hasta que estén doradas por todos lados.

A la hora de servir, reparte las albóndigas en platos según el número de comensales, acompaña con las verduras y riega con aceite de oliva virgen extra.

GULAS CON BONIATO Y PATATA

*Un plato que nunca falla, pero con
un toque dulce y original gracias al boniato.*

40 MINUTOS

2 RACIONES

**SIN GLUTEN,
SIN LACTOSA**

ALÉRGENOS

PESCADO **MOLUSCOS** **HUEVOS**

INGREDIENTES

1 patata

1 boniato

1 pizca de sal

3 cucharadas de aceite de
    oliva virgen extra

1 diente de ajo

150 g de gulas*

2 huevos

1 cucharadita de pimentón,
    dulce o picante

PREPARACIÓN

Precalienta el horno a 180 °C.

Pela la patata y el boniato, córtalos en rodajas muy finas y añádelos a una bandeja de horno con la sal y el aceite. Hornea 30 minutos a 180 °C.

Mientras tanto, empieza a cocinar los otros alimentos: corta un ajo en trocitos y dóralo en una sartén con un poco de aceite; una vez dorado, agrega las gulas y remueve bien. Retíralas y, en este mismo aceite, cocina los huevos. Añade los huevos previamente cascados y tápalos hasta que se haga la yema; tiene que quedar de color rosa claro.

Para montar el plato, pon una cama de verduras horneadas, añade las gulas y, por último, el huevo con un toque de pimentón.

* Lee atentamente la lista de ingredientes de las gulas que has escogido ya que, según la marca, pueden contener otros alérgenos.

COGOLLOS RELLENOS DE TARTAR DE ATÚN CON CREMA DE AGUACATE

Una forma ligera de comer tartar ¡y sin carbohidratos!

40 MINUTOS

2 RACIONES

SIN GLUTEN, SIN LACTOSA, *LOW CARB*

ALÉRGENOS

PESCADO   SOJA*   SÉSAMO*

INGREDIENTES

150 g de tartar de atún

2 cucharaditas de salsa de soja

1 puñado de semillas de sésamo

2 cogollos

PARA LA CREMA DE AGUACATE

1 aguacate

1 cucharadita de sal

zumo de ½ limón

3 cucharadas de agua

PARA LA SALSA

2 cucharadas de mayonesa

unas gotas de aceite picante

PREPARACIÓN

Mezcla el tartar con la salsa de soja y las semillas de sésamo.

Para preparar la crema de aguacate, añade en una procesadora de alimentos el aguacate, la sal, el zumo de limón y 3 cucharadas de agua. Tritura a máxima potencia.

Para la salsa, combina la mayonesa con el aceite picante. Si no te gusta el picante, usa solo la mayonesa.

A la hora de servir, coge las hojas grandes de los cogollos y pon una primera capa de crema de aguacate en la base, luego añade el tartar marinado y, finalmente, adereza con la salsa.

NOTA

El tartar de atún es atún picado. Puedes comprar atún rojo y cortarlo en trocitos pequeños o pedirlo preparado en tu pescadería de confianza.

SUSTITUCIONES

En caso de alergia, omite la salsa de soja y/o las semillas de sésamo.

PASTA CON PESTO DE REMOLACHA

¡Este pesto rosado es sorprendente y resultón!

25 MINUTOS

2 RACIONES

SIN GLUTEN, VEGETARIANO

ALÉRGENOS

FRUTOS DE CÁSCARA　　**LÁCTEOS**

INGREDIENTES

150 g de pasta

PARA EL PESTO

1 puñado de hojas de albahaca fresca

1 remolacha cocida

100 g de queso parmesano

50 g de nueces

70 ml de aceite de oliva virgen extra

PREPARACIÓN

En una procesadora de alimentos, pon todos los ingredientes del pesto y tritura a máxima potencia. Si ves que queda muy denso, agrega un poco más de aceite hasta que adquiera una consistencia cremosa.

Hierve la pasta siguiendo las indicaciones del fabricante y reserva un cazo del agua de la cocción.

Una vez cocida la pasta, ponla en un bol junto con el pesto y el cazo del agua de la cocción. Mezcla muy bien hasta que todos los ingredientes queden bien integrados.

Sirve con un poco de parmesano rallado y unas hojas de albahaca fresca troceadas por encima.

ENSALADA CON BACALAO DESALADO

Comer sin cocinar es posible. He aquí la prueba.

15 MINUTOS

2 RACIONES

SIN GLUTEN, SIN LACTOSA

ALÉRGENOS

PESCADO **FRUTOS DE CÁSCARA***

INGREDIENTES

60 g de canónigos

250 g de bacalao desmigado y desalado

1 puñado de tomates cherris

unas hojas de albahaca fresca

aceite de oliva virgen extra

1 puñado de pistachos para decorar

PREPARACIÓN

En un plato, pon una base de canónigos y añade el bacalao, los tomates cortados por la mitad y la albahaca picada por encima.

Aliña con aceite y decora con unos pistachos u otro fruto seco para darle un toque crujiente.

TACOS DE MERLUZA CON MAYONESA DE LIMA

¿Alguna vez has dicho que la merluza es aburrida? Pues cuando pruebes la combinación deliciosa de esta receta, cambiarás de idea.

20 MINUTOS

2 RACIONES

SIN GLUTEN, SIN LACTOSA

ALÉRGENOS

PESCADO   DIÓXIDO DE AZUFRE Y SULFITOS

INGREDIENTES

2 lomos de merluza

½ aguacate

1 tomate verde pequeño

unas hojas de cilantro

6 tortillas de maíz

1 puñado de kikos

PARA LA MAYONESA

40 g de mayonesa

zumo de 1 lima

PARA LA CEBOLLA ENCURTIDA

½ cebolla morada

2 cucharadas de vinagre de vino o de manzana

1 cucharadita de sal

PREPARACIÓN

Primero prepara la cebolla encurtida: córtala en juliana y échala en un tarro de cristal junto con el vinagre y la sal. Cubre con agua caliente y deja reposar mientras haces el resto de los pasos.

A continuación, cocina la merluza a la plancha y desmígala.

Ahora trocea el aguacate y el tomate en porciones pequeñas y pica el cilantro. Mezcla el pescado con las hortalizas y el cilantro.

Dora las tortillas de maíz en una sartén y prepara la mayonesa mezclándola con el zumo de lima.

Para montar los tacos, pon en el centro 1 cucharada generosa de mayonesa, añade luego la preparación de merluza y, finalmente, la cebolla encurtida por encima.

Decora con kikos.

SUSTITUCIONES
La cebolla se puede añadir directamente saltándote el primer paso.

BERENJENAS RELLENAS AL ESTILO BOLOÑESA

Entre las últimas recetas del capítulo, no podía faltar una verdura rellena.

60 MINUTOS

2 RACIONES

SIN GLUTEN

ALÉRGENOS

LÁCTEOS*

INGREDIENTES

2 berenjenas

½ cebolla

1 pimiento verde

200 g de carne picada ecológica de ternera o de cerdo

70 g de tomate natural triturado

1 cucharadita de sal

100 g de queso *mozzarella*

PREPARACIÓN

Precalienta el horno a 180 °C.

Corta las berenjenas por la mitad y luego haz cortes en forma de equis en cada mitad para que se asen mejor. Colócalas en una bandeja de horno y hornéalas 30 minutos a 200 °C.

Mientras tanto, prepara el relleno. En una sartén, dora la cebolla previamente picada y después añade el pimiento troceado. Una vez hechas las verduras, agrega la carne picada, el tomate triturado y la sal, y deja reducir todo a fuego medio.

Pasados 30 minutos, tendrás las berenjenas asadas y la carne a punto.

No apagues el horno. Vacía las berenjenas e incorpora las pulpas al relleno integrándolo todo muy bien.

Ahora sí, rellena las berenjenas con la preparación y cúbrelas con queso *mozzarella*.

Hornea de nuevo 15 minutos a 180 °C.

Puedes presentar las berenjenas en la fuente o servirlas en platos individuales.

> **SUSTITUCIONES**
> - En vez de pimiento verde, emplea un calabacín pequeño.
> - En lugar de carne picada, usa soja texturizada como proteína.
> - Para una versión sin lácteos, añade *mozzarella* vegana u omite este paso.

LASAÑA DE CALABACÍN, ESPINACAS Y *RICOTTA*

*Algo tendrá está lasaña...
Es la receta más vista de mi perfil de Instagram.*

45 MINUTOS

2-4 RACIONES

**SIN GLUTEN,
VEGETARIANA,
*LOW CARB***

ALÉRGENOS

LÁCTEOS

INGREDIENTES

1 calabacín grande

½ cebolla

450 g de espinacas frescas

1 cucharadita de sal

250 g de queso *ricotta*

100 g de queso crema (tipo mascarpone)

3 cucharadas de aceite de oliva virgen extra

150 g de queso *mozzarella*

PREPARACIÓN

Precalienta el horno a 180 °C.

Lava y corta el calabacín por la mitad a lo largo y luego en tiras muy finas. Pon las tiras encima de papel de cocina para que este vaya absorbiendo el agua.

Mientras tanto, pica la cebolla y sofríela en una cacerola con un poco de aceite. Añade las espinacas y la sal.

Una vez reducidas las espinacas, incorpora el queso crema y la *ricotta*, y mezcla hasta que todo quede bien integrado.

En una fuente de horno cuadrada de 26 × 26 cm o en un molde, vierte el aceite. A continuación, pon una capa de tiras de calabacín colocadas una al lado de la otra, luego añade una fina capa de salteado de espinacas y queso, y repite el proceso hasta terminar con todos los ingredientes.

Por último, reparte *mozzarella* por encima y hornea 30 minutos a 180 °C. Pasado este tiempo, sirve inmediatamente.

NOTA

Para cortar el calabacín en tiras, te recomiendo que uses una mandolina.

Es muy importante el paso de dejar las tiras de calabacín encima de papel de cocina para que la lasaña no quede aguada.

SUSTITUCIONES

Puedes hacer esta receta solo con queso *ricotta* o solo con queso crema.

PASTEL DE VERDURAS

El clásico todo en uno. Ideal para cuando tienes que hacer mil cosas en casa, pero quieres cenar rico y saludable.

60 MINUTOS

2-4 RACIONES

SIN GLUTEN, VEGETARIANA, *LOW CARB*

ALÉRGENOS

HUEVOS   LÁCTEOS*

INGREDIENTES

2 zanahorias

1 calabacín

1 manojo de espárragos trigueros

1 cucharadita de sal

1 cucharadita de pimienta negra molida

3 cucharadas soperas de aceite de oliva virgen extra

4 huevos

150 g de queso *mozzarella*

PREPARACIÓN

Precalienta el horno a 180 °C.

Lava y corta las verduras en trozos pequeños.

Colócalas en una bandeja de horno forrada con papel vegetal, salpimiéntalas y riégalas con aceite. Mézclalas y hornea 30 minutos a 180 °C.

Transcurrido este tiempo, pon las verduras asadas en un bol grande junto con los huevos batidos y 100 g de *mozzarella*. Mezcla bien y vierte la masa en una fuente de horno de tamaño mediano. Espolvorea el resto del queso por encima y hornea de nuevo a 180 °C durante 25 minutos.

Deja reposar el pastel 5 minutos en la encimera para que se atempere y sirve.

NOTA
Los huevos batidos tienen que cubrir las verduras cuando los mezcles en el bol. Si ves que falta, añade otro huevo.

SUSTITUCIONES
- La *mozzarella* es opcional.
- Puedes usar las verduras que más te gusten; este plato también queda bien con hinojo o berenjenas.

Dulces

BIZCOCHO DE CALABAZA ASADA Y NARANJA

Recuerdo una tarde que no estaba yendo muy bien... Decidí animarla preparando este bizcocho por primera vez ¡y resultó ser el más esponjoso que he probado nunca! Desde entonces, la calabaza es un ingrediente básico de mis dulces.

1 HORA Y MEDIA
(INCLUIDO EL TIEMPO
DE HORNO)

10 RACIONES

SIN GLUTEN,
VEGETARIANA,
SIN LACTOSA

ALÉRGENOS

HUEVOS   FRUTOS DE
          CÁSCARA

INGREDIENTES

400 g de calabaza

4 huevos

20 ml de aove

1 cucharadita de canela

ralladura de 1 naranja

zumo de ½ naranja

100 g de harina de trigo
sarraceno

1 cdta. de bicarbonato y
unas gotas de zumo de
limón o 2 cdtas. de
levadura química

80 g de nueces

30 g de pipas de calabaza

PREPARACIÓN

Precalienta el horno a 180 °C.

Pela, trocea y asa la calabaza a 180 °C durante 40 minutos. No apagues el horno.

En un recipiente, pon los huevos, el aceite, la canela, la ralladura y el zumo de naranja y la calabaza una vez asada. Tritura con la minipímer.

A continuación, añade la harina junto con el bicarbonato y las gotas de limón (o la levadura) y mezcla. Seguidamente, agrega las nueces y las pipas troceadas e integra bien.

Forra un molde rectangular de 25 × 10 cm o uno redondo de 22 × 22 cm con papel vegetal y vierte la masa.

Introduce en el horno y cocina 40 minutos a 180 °C con calor arriba y abajo. Pasado este tiempo, pincha con un palillo o cuchillo. Si no sale limpio, deja 5 minutos más o hasta que salga limpio. Deja enfriar antes de desmoldar.

Sirve con un poco de ralladura de naranja por encima.

SUSTITUCIONES
- En vez de harina de trigo sarraceno, puedes usar 120 g de harina de trigo, de trigo integral o de avena.
- Puedes usar boniato en lugar de calabaza.

BIZCOCHO DE YOGUR, LIMÓN Y ARÁNDANOS

El clásico bizcocho de limón, ahora con arándanos.

55 MINUTOS

10 RACIONES

SIN GLUTEN, VEGETARIANA

ALÉRGENOS

HUEVOS **LÁCTEOS***

INGREDIENTES

PARA EL BIZCOCHO

200 g de yogur natural o vegetal

3 huevos

40 ml de aove

1 cucharadita de canela (opcional)

ralladura de 2 limones

zumo de ½ limón

50 g de eritritol

180 g de harina de trigo sarraceno

1 cucharadita de bicarbonato + unas gotas de limón

80 g de arándanos

PARA EL GLASEADO

1 yogur griego o vegetal

20 ml de miel

PREPARACIÓN

Precalienta el horno a 180 °C.

En un bol grande, mezcla los yogures, los huevos, el aceite, la canela, la ralladura y el zumo de limón y el eritritol. Remueve hasta que quede todo bien integrado.

Seguidamente, incorpora la harina y mezcla de nuevo.

Por último, agrega el bicarbonato, las gotas de limón y los arándanos. Remuévelo todo muy bien una vez más.

Forra un molde rectangular con papel vegetal y vierte la masa. Decórala con unos arándanos y hornea 40 minutos a 180 °C.

Mientras el bizcocho se enfría para poder desmoldarlo, prepara el glaseado mezclando el yogur griego y la miel.

Una vez desmoldado y frío, cubre el bizcocho con el glaseado... ¡y a disfrutar!

NOTA

Para que los arándanos no queden abajo del bizcocho, espolvoréalos con harina antes de añadirlos a la masa.

SUSTITUCIONES

Puedes usar harina de otro cereal. No tiene que quedar una masa muy líquida, así que es posible que necesites añadir 20 o 40 g más.

BROWNIE DE NUECES CARAMELIZADAS

¡Esta es la receta de la que más pruebas he hecho de todo el libro!
Tenía que ser perfecta y elaboré muchas muchísimas versiones antes de dar
con la definitiva. Confieso que estoy muy orgullosa del resultado.

35 MINUTOS

16 PORCIONES

SIN GLUTEN,
VEGETARIANA,
SIN LACTOSA

ALÉRGENOS

HUEVOS   **FRUTOS DE**
             CÁSCARA

INGREDIENTES

150 g de chocolate negro
(con un 70-85 % de cacao)

130 ml de aceite de oliva
virgen extra

60 g de azúcar de coco

4 huevos

20 g de cacao puro en polvo

40 g de harina de trigo
sarraceno

1 cucharadita de sal

PARA LAS NUECES
CARAMELIZADAS

150 g de nueces

30 g de sirope de agave o de
arce

PREPARACIÓN

Precalienta el horno a 180 °C.

Pon el chocolate, el aceite y el azúcar de coco en un cazo y derrítelo a fuego lento. Remueve para que no se queme.

Retira el cazo del fuego, bate los huevos aparte e incorpóralos al chocolate fundido.

Agrega el cacao, la harina y la sal e intégralo todo bien.

Para preparar las nueces caramelizadas, cocínalas junto con el sirope en una sartén a fuego medio durante 5 minutos o hasta que queden bien impregnadas. Una vez listas, añade las nueces a la masa, pero reserva algunas para la decoración.

Vierte la masa en una fuente de horno cuadrada forrada con papel vegetal, decora con las nueces previamente reservadas y hornea 15 minutos a 190 °C con calor arriba y abajo.

Pasado este tiempo, deja atemperar y sirve.

NOTA

Si no tienes una fuente de horno apta, vierte la masa en un molde cuadrado forrado con papel vegetal.

SUSTITUCIONES

• Para endulzar la preparación, puedes añadir 50 g de eritritol o 80 g de pasta de dátiles en lugar del azúcar de coco.

• La harina puede ser de cualquier otro cereal: maíz, trigo, avena, etc.

MAXICOOKIE DE CHOCOLATE *RUBY*

El chocolate ruby *es el cuarto chocolate: más frutal, con un punto cítrico y, cuando lo pruebas, ¡te sorprende! Parece que tenga que saber a frambuesa, pero no.*

25 MINUTOS

8 PORCIONES

SIN GLUTEN, VEGETARIANA

ALÉRGENOS

HUEVOS

INGREDIENTES

130 ml de aceite de oliva virgen extra

60 g de azúcar de coco

1 huevo

4 gotas de esencia de vainilla (opcional)

50 g de harina de arroz

120 g de harina de maíz

1 cucharadita de bicarbonato + unas gotas de limón

80 g de chips de chocolate *ruby* + 20 g para decorar

PREPARACIÓN

Precalienta el horno a 180 °C.

Mezcla el aceite con el azúcar de coco. A continuación, añade el huevo y, finalmente, el resto de los ingredientes en el orden escrito.

Engrasa o forra con papel vegetal un molde redondo de 18 × 18 cm o similar (pero no muy grande porque la galleta tiene que quedar gruesa). Vierte la masa habiendo añadido previamente los 80 g de chips de chocolate en ella, y una vez en el molde, agrega los 20 g restantes por encima para decorar.

Hornea a 180 °C durante 20 minutos.

Una vez enfriado, desmolda y corta la *maxicookie* como si fuera un bizcocho.

SUSTITUCIONES

- Si no encuentras chips de chocolate *ruby* o quieres una versión sin lactosa, puedes usar chocolate negro troceado.
- Puedes sustituir las harinas de la lista por las de otros cereales: 170 g de harina de trigo o de avena, por ejemplo.
- Para endulzar, agrega 50 g de eritritol u 80 g de pasta de dátiles, en lugar del azúcar de coco.

COULANT DE CHOCOLATE

*Me hace especial ilusión compartir esta receta. Es una de las primeras
que hice con dieciséis años y me sentí muy satisfecha del resultado.
He querido recrearla para este libro; solo he reducido la cantidad de azúcar.*

**35 MINUTOS + 2 HORAS
DE CONGELADOR**

---

8 *COULANTS*

**SIN GLUTEN,
VEGETARIANA**

ALÉRGENOS

HUEVOS   LÁCTEOS

INGREDIENTES

150 g de chocolate negro en
  tableta (con un 70-85 %
  de cacao)

200 g de mantequilla

4 huevos

80 g de azúcar

50 g de cacao puro en polvo

80 g de harina de maíz

1 pizca de sal

1 cucharadita de canela
  (opcional)

PREPARACIÓN

Precalienta el horno a 180 °C.

En un cazo, derrite el chocolate con la mantequilla a fuego muy lento. Ve removiendo. Cuando esté totalmente fundido, deja enfriar y reserva un bol pequeño de esta mezcla.

En un recipiente, bate los huevos, añade el azúcar, la mezcla de chocolate que no has reservado y el resto de los ingredientes en el orden escrito: el cacao y la harina tamizada, la pizca de sal y la canela. Mézclalo todo bien.

Engrasa con un poco de mantequilla un molde de silicona de magdalenas que tenga mínimo 8 cavidades.

Rellena de masa la mitad de cada cavidad. Luego agrega una cucharada del chocolate fundido que has reservado en un bol y cubre con más masa pero sin llegar a llenar por completo las cavidades del molde.

Deja reposar 2 horas en el congelador.

A la hora de consumir, hornea 12 minutos a 180 °C con calor arriba y abajo. Deja atemperar un par de minutos antes de desmoldar... ¡y disfruta de inmediato!

> **NOTA**
>
> Los *coulants* se pueden guardar en el congelador durante 1 mes (máximo), por lo que puedes hacer varias tandas y tenerlos listos para cuando recibas invitados o para ir disfrutándolos de vez en cuando.

YOGUR CON FRESAS A LA PIMIENTA NEGRA

La pimienta negra resalta el dulzor de las fresas y el zumo de la naranja las carameliza. El resultado: ¡un postre delicioso!

20 MINUTOS

---

2 RACIONES

SIN GLUTEN, VEGETARIANA

ALÉRGENOS

LÁCTEOS*

INGREDIENTES

20 g de mantequilla

zumo de ½ naranja

6 fresas

1 cucharadita de pimienta
   negra molida

2 yogures griegos

PREPARACIÓN

Derrite la mantequilla en una sartén. Una vez fundida, incorpora el zumo de naranja y, a continuación, las fresas previamente lavadas y cortadas por la mitad y la pimienta negra.

Mantén a fuego lento hasta que veas que las fresas cambian de color y se ablandan; será al cabo de unos 10 minutos.

Retíralas y déjalas atemperar unos minutos.

Mientras, en bonitos vasos de cristal, añade una capa de yogur y finalmente, por encima, las fresas.

SUSTITUCIONES
Puedes sustituir los yogures griegos por yogures de coco, y la mantequilla, por aceite de oliva virgen extra.

SOBAOS BAÑADOS EN CHOCOLATE

*Este bollo me recuerda a uno industrial que tomaba de pequeña.
Empezaba comiendo la parte de arriba y me dejaba para
el final lo mejor, la parte del chocolate.*

40 MINUTOS

8 RACIONES

**SIN GLUTEN,
VEGETARIANA,
SIN LACTOSA**

ALÉRGENOS

HUEVOS

INGREDIENTES

4 huevos pequeños o
   3 grandes

70 ml de leche vegetal

30 ml de aove

60 g de azúcar de coco

190 g de harina de trigo
   sarraceno

ralladura de 1 limón

1 pizca de sal

unas gotas de esencia de
   vainilla (opcional)

1 cucharadita de bicarbonato
   + unas gotas de limón

PARA LA COBERTURA

100 g de chocolate negro

PREPARACIÓN

Precalienta el horno a 180 °C.

En un recipiente, bate los huevos y luego agrega la leche, el aceite y el azúcar, y mezcla.

Seguidamente, incorpora el resto de los ingredientes; añade la harina poco a poco para ir controlando la textura, hasta que quede una masa consistente, sin ser líquida.

Vierte la masa en un molde rectangular y hornea 30 minutos a 180 °C con calor arriba y abajo. Haz la prueba del palillo para saber si ya está cocido y deja enfriar completamente.

Divide el bizcocho en porciones cuadradas o rectangulares, procurando que sean todas más o menos iguales, de un dedo de grosor, aproximadamente, y derrite el chocolate negro.

Baña la mitad de cada sobao en el chocolate fundido y colócalos encima de papel vegetal hasta que se solidifique. También puedes introducirlos 10 minutos en la nevera para acelerar el proceso.

Sírvelos.

SUSTITUCIONES
La bebida vegetal puede ser de cualquier sabor: avena, almendras, avellanas, arroz, coco...

MUFFINS DE AVENA, NARANJA Y CHOCOLATE

Rápidos de hacer para momentos de antojo.
El toque de naranja les queda genial.

40 MINUTOS

10 RACIONES

SIN GLUTEN,
VEGETARIANA,
SIN LACTOSA

ALÉRGENOS

HUEVOS

INGREDIENTES

150 g de copos de avena

zumo de ½ naranja

280 ml de leche vegetal

1 pizca de canela

2 huevos

50 g de miel

120 g de chocolate negro

ralladura de ½ naranja

1 cucharadita de bicarbonato

1 cucharadita de zumo de
    limón

PREPARACIÓN

Precalienta el horno a 180 °C.

Primero mezcla la avena, el zumo de naranja, la leche y la canela, y deja reposar 20 minutos.

Luego añade los huevos y la miel y vuelve a mezclar. Después agrega el chocolate previamente troceado y, por último, el bicarbonato y las gotas de limón. Mézclalo todo bien.

Reparte la masa en 10 moldes para *muffins* —forrados con papeles individuales para *muffins*— y hornea 15 minutos a 180 °C. Transcurrido este tiempo, pínchalos con un palillo y, si no sale limpio, deja que sigan cociendo 5 minutos más.

Una vez horneados, déjalos enfriar completamente y sirve.

SUSTITUCIONES

- La bebida vegetal puede ser de cualquier sabor: avena, almendras, avellanas, arroz, coco...
- Puedes añadir el endulzante que más te guste: un plátano maduro, eritritol, pasta de dátiles, etc., en lugar de la miel.

PASTEL DE QUESO

Mientras escribía este libro, cumplí veintisiete años. Este fue el pastel que preparé para soplar las velas con mi familia.

**45 MINUTOS
(+ 30 MINUTOS DE REPOSO
DENTRO DEL HORNO)**

8 RACIONES

**SIN GLUTEN,
VEGETARIANA**

ALÉRGENOS

HUEVOS **LÁCTEOS**

INGREDIENTES

PARA EL PASTEL

3 huevos y 3 yemas

350 g de queso mascarpone

150 ml de nata para montar

50 g de eritritol o miel

1 punta de queso parmesano
    rallado

ralladura de ½ naranja

unas gotas de esencia de
    vainilla (opcional)

**PARA LA COBERTURA
DE MERMELADA**

100 g de fresas

50 g de arándanos

zumo de 1 naranja

2 cucharadas de miel

PREPARACIÓN

Precalienta el horno a 190 °C.

Pon todos los ingredientes del pastel en un bol y mézclalos con la minipímer hasta lograr una masa homogénea.

Engrasa o forra con papel vegetal un molde redondo de 18 × 18 cm o similar (pero no muy grande porque tiene que quedar un pastel grueso). Vierte la masa y hornea durante 35 minutos a 190 °C.

Mientras tanto, prepara la cobertura. Lava y corta las fresas en trozos pequeños y añádelas a una olla junto con los arándanos, el zumo de naranja y la miel. Cocina a fuego muy lento. Una vez que la fruta esté blanda, aplástala con un tenedor y remueve ocasionalmente la mezcla hasta formar una masa consistente con textura de mermelada. Cuando se haya enfriado, guárdala en la nevera.

Transcurrido el tiempo de horno, apágalo y deja la puerta abierta para que no haya un cambio brusco de temperatura y el pastel no baje (demasiado) de volumen.

Pasados 30 minutos, sácalo del horno y déjalo enfriar completamente en la encimera. Consérvalo en el frigorífico.

A la hora de servir, reparte la mermelada por encima del pastel.

MELOCOTONES AL HORNO CON YOGUR Y MIEL

Este postre huele y sabe a verano. ¡El éxito está asegurado!

45 MINUTOS

2 RACIONES

SIN GLUTEN, VEGETARIANA

ALÉRGENOS

LÁCTEOS* **FRUTOS DE CÁSCARA***

INGREDIENTES

2 melocotones
150 g de yogur griego
1 puñado de nueces
miel

PREPARACIÓN

Precalienta el horno a 180 °C.

Lava y corta los melocotones por la mitad.

Colócalos en una fuente de horno y hornéalos 35 minutos a 200 °C.

Pasado este tiempo, déjalos atemperar y luego quítales el hueso y también un poco de pulpa para poder rellenarlos con el yogur.

Decora con nueces troceadas y riega con miel.

SUSTITUCIONES

- Para una versión vegana, el yogur puede ser vegetal y la miel, sirope.
- Para una versión sin frutos secos, añade pipas de calabaza.

PINCHOS DE FRUTA CON COCO RALLADO

Agosto, 35°C y un postre fresquito y saludable.
¿Te lo imaginas?

15 MINUTOS

___

8-12 BROCHETAS

___

SIN GLUTEN, VEGANA

___

ALÉRGENOS

FRUTOS DE CÁSCARA*

___

INGREDIENTES (CALCULA ENTRE 2 Y 3 BROCHETAS POR PERSONA):

¼ de sandía

1 puñado de arándanos

1 puñado de coco rallado

2 cucharadas de crema de frutos secos

PREPARACIÓN

Trocea la sandía en dados pequeños o dale forma de bolitas con una cuchara vaciadora de fruta.

Coge una brocheta y ve pinchando intercaladamente las dos frutas —sandía y arándanos— hasta llenarla.

A la hora de servir, acompaña los pinchos con un poco de crema de frutos secos y coco rallado espolvoreado por encima.

NOTA
La crema de frutos secos puede ser comprada o casera. Para hacerla en casa, simplemente tritura los frutos secos escogidos hasta hacer una crema.

SUSTITUCIONES
- Puedes hacer los pinchos con las frutas que más te gusten.
- La crema de frutos secos es totalmente opcional. Además, puede ser del fruto seco que prefieras.

CHEESECAKE BROWNIE

¿Por qué elegir entre un cheesecake *o un* brownie *si lo puedes tener todo? Este postre lo preparé para celebrar el cumpleaños de mi padre.*

45 MINUTOS

8 RACIONES

SIN GLUTEN, VEGETARIANA

ALÉRGENOS

HUEVOS   LÁCTEOS   FRUTOS DE CÁSCARA*

INGREDIENTES

PARA LA CAPA DE *BROWNIE*

120 g de mantequilla

125 g de chocolate negro

80 g de azúcar

4 huevos

20 g de cacao puro en polvo

40 g de harina de almendras

PARA LA CAPA DE *CHEESECAKE*

50 ml de nata para montar

50 g de azúcar

400 g de queso crema

1 huevo

PARA LA ÚLTIMA CAPA

20 g de chocolate negro

PREPARACIÓN

Precalienta el horno a 180 °C.

Empieza preparando el *brownie*. Derrite la mantequilla junto con el chocolate al baño maría o en el microondas. Añade el azúcar y los huevos, y mezcla. Seguidamente, incorpora el cacao y la harina, y remueve bien otra vez. Forra un molde cuadrado de 26 × 26 cm o una fuente de horno con papel vegetal y vierte la masa del *brownie*.

Ahora prepara el *cheesecake*. Bate la nata con el azúcar. Añade el queso y el huevo, y bate de nuevo. Vierte esta masa en el mismo molde donde has puesto el *brownie*.

Haz una última capa de chocolate negro fundido y cubre con ella el pastel. Con la ayuda de un palillo, espárcela para dar sensación de movimiento.

Hornea 30 minutos a 180 °C.

Pasado este tiempo, deja enfriar completamente y luego desmolda.

Para servirlo, puedes cortarlo en cuadrados pequeños.

NOTA
Si derrites la mantequilla y el chocolate en el microondas, hazlo a intervalos de 15-20 segundos para que no se queme.

SUSTITUCIONES
La harina de almendras se puede sustituir por 60 g de harina de un cereal.

MUFFINS DE LIMÓN CON SEMILLAS DE AMAPOLA

Las semillas de amapola regulan el intestino y refuerzan las defensas del organismo. Estos muffins son un poco más oscuros de lo habitual por la harina de trigo sarraceno.

35 MINUTOS

8 RACIONES

SIN GLUTEN, VEGETARIANA

ALÉRGENOS

HUEVOS **LÁCTEOS***

INGREDIENTES

2 plátanos maduros

2 huevos

ralladura de 2 limones

zumo de ½ limón

1 yogur natural

20 ml de aceite de oliva virgen extra

130 g de harina de trigo sarraceno

30 g de semillas de amapola

1 cucharadita de bicarbonato

unas gotas de zumo de limón

PREPARACIÓN

Precalienta el horno a 180 °C.

Chafa los plátanos hasta formar una pasta. Ponlos en un bol junto con los huevos y mezcla.

Seguidamente, incorpora la ralladura y el zumo de limón, el yogur y el aceite, y vuelve a mezclar.

Ahora agrega la harina, combina de nuevo y, cuando tengas una masa consistente, añade las semillas de amapola, el bicarbonato y el zumo de limón.

Rellena moldes para *muffins* con la masa y hornea a 180 °C durante 15-18 minutos. Haz la prueba del palillo para saber si están listos.

A la hora de servir, puedes decorarlos con yogur griego y espolvorear un poco de ralladura de limón por encima.

SUSTITUCIONES

- Para una versión sin lácteos, el yogur puede ser vegetal.
- En vez de bicarbonato y zumo de limón, puedes usar 2 cucharaditas de levadura química.

PIÑA CARAMELIZADA CON LIMA Y NATA CASERA

Un postre sencillo, ligero y refrescante.

20 MINUTOS

4 RACIONES

SIN GLUTEN, VEGETARIANA

ALÉRGENOS

LÁCTEOS

INGREDIENTES

200 ml de nata para montar

unas gotas de esencia de vainilla

1 piña

unas gotas de aceite de oliva virgen extra

zumo de ½ lima

ralladura de 1 lima

PREPARACIÓN

Primero, monta la nata: ponla en un bol junto con las gotas de vainilla y móntala hasta obtener una consistencia firme. Resérvala en la nevera.

Corta la piña en rodajas y márcalas en la plancha con el aceite y el zumo de lima hasta que queden bien doradas por ambos lados.

A la hora de servir, coloca las rodajas de piña en los platos y, con la ayuda de una manga pastelera, decora con la nata montada. Por último, ralla lima por encima.

PANCAKES PROTEICOS

¡El perfecto desayuno de domingo!

20 MINUTOS

2 RACIONES

SIN GLUTEN, VEGETARIANA

ALÉRGENOS

HUEVOS   **LÁCTEOS***

INGREDIENTES

1 plátano maduro

1 huevo

100 g de yogur griego

40 g de harina de trigo sarraceno

unas gotas de aceite de oliva virgen extra

PREPARACIÓN

Chafa el plátano hasta obtener una pasta, bate el huevo y mézclalo todo junto.

Incorpora el yogur y la harina. Remueve de nuevo. Tiene que quedar una masa compacta; si ves que está muy líquida, añade 10 g más de harina.

Calienta una sartén con unas gotas de aceite.

Coge una cucharada de masa y viértela en la sartén formando un círculo. Espera a que se haga bien por un lado y, al cabo de unos minutos, dale la vuelta con cuidado para hacer el otro. Repite este paso hasta terminar con la masa.

NOTA

A mí me gusta decorar estos *pancakes* con crema de almendras, un poco de chocolate negro derretido y un puñado de frutos rojos. Pero puedes decorarlos con otra crema y la fruta que prefieras; por ejemplo, combinan muy bien con crema de cacahuete y fresas.

SUSTITUCIONES

Para una versión sin lactosa, puedes sustituir el yogur griego por yogur vegetal.

DÓNUTS DE 4 INGREDIENTES

*Estos dónuts sin azúcares añadidos
te salvarán de más de un antojo.*

25 MINUTOS

8 DÓNUTS

**SIN GLUTEN,
VEGETARIANA**

ALÉRGENOS

HUEVOS

INGREDIENTES

1 plátano maduro

2 huevos

60 g de yogur griego o de
    coco

100 g de harina de trigo
    sarraceno

1 cucharadita de canela
    (opcional)

1 cucharadita de bicarbonato

unas gotas de zumo de limón

100 g de chocolate negro con
    un 70-85 % de cacao

PREPARACIÓN

Precalienta el horno a 180 °C.

En un bol, chafa el plátano con la ayuda de un tenedor. Añade los huevos batidos y el yogur, y mezcla bien.

Seguidamente, incorpora la harina y la canela, y remueve. Por último, agrega el bicarbonato y el zumo de limón.

Engrasa un molde para dónuts y vierte la masa llenando ¾ partes de cada cavidad.

Hornea 15 minutos a 180 °C con calor arriba y abajo. Haz la prueba del palillo para saber si están hechos. Pasado este tiempo, sácalos del horno, pero no los desmoldes hasta que no se hayan enfriado.

Mientras tanto, derrite el chocolate a golpes de calor en el microondas o al baño maría. Vierte el chocolate fundido sobre los dónuts ¡y disfruta inmediatamente!

NOTA

Si añades otro tipo de harina, incorpórala poco a poco a la masa para poder ir controlando la textura; necesitamos una masa consistente sin ser líquida.

Puedes decorar los dónuts con un poco de coco rallado, frutos secos o crema de cacahuete.

SUSTITUCIONES

- En vez de plátano, puedes usar una mandarina.
- Puedes sustituir la harina de trigo sarraceno por harina de avena, de trigo integral o de espelta.
- Puedes añadir levadura química en la misma proporción en lugar del bicarbonato y el zumo de limón.

BIZCOCHO DE MANDARINA

*Aprovecha la temporada de mandarinas para cocinar
este bizcocho dulce con toques cítricos.*

50 MINUTOS

8-12 RACIONES

SIN GLUTEN,
VEGETARIANA

ALÉRGENOS

HUEVOS   LÁCTEOS*

INGREDIENTES

4 huevos

80 ml de aceite de oliva

125 g de yogur natural

50 g de eritritol

ralladura de 1 mandarina

2 mandarinas en gajos

120 g de harina de trigo
sarraceno

1 cucharadita de canela
(opcional)

1 cucharadita de bicarbonato
+ unas gotas de zumo de
limón

80 g de chocolate negro con
un 70-80 % de cacao

PREPARACIÓN

Precalienta el horno a 180 °C.

En un bol, pon los huevos, el aceite, el yogur, el eritritol, la ralladura y los gajos de mandarinas habiéndoles quitado los hilos blancos previamente. Tritura con la minipímer.

Incorpora la harina y la canela y mezcla.

Por último, agrega el bicarbonato y el zumo de limón y combina bien hasta conseguir una masa homogénea.

Vierte la masa en un molde rectangular forrado con papel vegetal y hornea unos 40-45 minutos a 180 °C con calor arriba y abajo.

Mientras se hornea la masa, derrite el chocolate a golpes de calor en el microondas o al baño maría.

Una vez que el bizcocho esté cocinado, déjalo enfriar y luego vierte el chocolate fundido por encima antes de servir.

Como toque final, puedes decorarlo con ralladura de mandarina.

SUSTITUCIONES

- La harina puede ser de cualquier otro cereal, pero las cantidades variarán, así que ve añadiéndola poco a poco y comprobando la textura hasta conseguir que quede consistente sin ser líquida.
- El endulzante puede ser el que quieras o, si lo prefieres, puedes no añadir ninguno.
- El yogur puede ser vegetal para eliminar los lácteos.
- En vez de bicarbonato y zumo de limón, puedes añadir 2 cucharaditas de levadura química.

Índices

Índice de recetas

Índice de ingredientes

cebolla, 30, 35, 36, 48, 66, 76, 84, 96, 102, 106, 110, 118, 120, 122, 124, 132, 142, 158, 160
  caramelizada, 39, 117
  morada, 36, 54, 94, 112, 136, 156
cebollino fresco, 58, 94, 108, 134, 136, 138
cerdo, carne picada de, 102, 158
cerezas, 76
chalota, 30, 96, 102, 108
champiñones, 60, 100, 132, 144
chía, semillas de, 28
chocolate
  negro, 36, 170, 172, 174, 178, 180, 188, 194, 196, 198
  ruby, 172
cilantro fresco, 54, 102, 112, 156
coco
  azúcar de, 170, 172, 178
  bebida de, 78
  leche de, 60, 64, 66, 78
  rallado, 186, 196
  yogur de, 62, 176, 196
cogollos, 150
coliflor, 68
comino, 39, 40, 42, 112, 136, 138
crackers, 46
crema
  de almendras, 194
  de anacardos, 39, 40, 42
  de cacahuetes, 70, 194, 196
  de frutos secos, 186
  de vinagre balsámico, 92
crema, queso, 160, 188

crudités, 40, 46
curry, 28, 60, 62, 66

D
dátiles, pasta de, 170, 172, 180

E
endivias, 58
eneldo, 46
  fresco, 128, 130
eritritol, 168, 170, 172, 180, 182, 198
espaguetis, 100
  espárragos trigueros, 60, 106, 112, 117, 132, 162
espelta, harina de, 196
espinacas, 126, 160

F
feta, queso, 46, 68, 74, 76, 90
fresas, 74, 176, 182, 194
fresones, 76
frutos rojos, 194
frutos secos, 68
  crema de, 186

G
garbanzos, 26, 39, 40, 104
  harina de, 44
gnocchi, 124
granada, 62
guanciale, 58
guisantes congelados, 104, 132
gulas, 148

H
hamburguesa
  de pollo, 117
  de ternera, 117

harina, 128, 146
  de almendras, 188
  de arroz, 172
  de avena, 166, 170, 172, 196
  de espelta, 196
  de garbanzos, 44
  de maíz, 170, 172, 174
  de trigo, 166, 170, 172
  de trigo integral, 166, 196
  de trigo sarraceno, 32, 166, 168, 170, 178, 190, 194, 196, 198
hierbas provenzales, 46
hinojo, 64, 162
hojas verdes, mézclum de, 130
huevo, 108, 128, 138, 140, 144, 148, 162, 166, 168, 170, 172, 174, 178, 180, 182, 188, 190, 194, 196, 198
  yemas de, 118, 182

J
jamón ibérico, 72
jengibre, 60, 78, 106

K
kale, 104
kikos, 156

L
leche
  de avena, 178
  de coco, 60, 64, 66, 78
  vegetal, 178, 180
legumbres, 102, 104
lentejas, 104
levadura fresca, 32
levadura química, 166, 190, 196, 198

lima
  ralladura de, 192
  zumo de, 156, 192
limón
  ralladura de, 106, 146,
    168, 178, 190
  zumo de, 39, 40, 74, 82,
    86, 94, 104, 106, 128,
    130, 150, 166, 168, 172,
    178, 180, 190, 196, 198
lino, semillas de, 28

M

macarrones, 118
maicena, 32
maíz
  harina de, 170, 172, 174
  tortillas de, 156
mandarina, 196, 198
  ralladura de, 198
mango, 42, 50, 62, 74, 112
mantequilla, 30, 36, 52, 58,
  134, 138, 174, 176, 188
  de coco, 30
manzana, 78
  ácida, 86
  vinagre de, 68, 156
mascarpone, queso, 160,
  182
mayonesa, salsa, 117, 128,
  150, 156
melocotones, 184
melón, 92
menta
  fresca, 74, 88, 138
  hojas de, 50, 68, 78
merluza, lomos de, 156
miel, 168, 180, 182, 184
mostaza, 128
  de Dijon, 62, 102, 104,
    126, 134

mozzarella, queso, 28, 48,
  88, 158, 160, 162
  vegana, 158

N

naranja
  ralladura de, 60, 166, 180,
    182
  zumo de, 122, 166, 176,
    180, 182
nata
  de avena, 60
  de cocina, 60, 66
  para montar, 182, 188,
    192
nueces, 82, 84, 152, 166,
  170, 184
  pecanas, 126

O

olivada negra, 80, 82
orégano, 48, 146

P

pan
  de leche, 134
  panecillos tipo *brioche*,
    134
  rallado, 108, 146
  rebanadas de, 52, 138
panceta, 58
parmesano, queso, 52, 82,
  96, 104, 118, 120, 124,
  132, 152, 182
pasas, 68
pasta, 106, 152
  espaguetis, 100
  macarrones, 118
patatas, 30, 72, 114, 122,
  126, 148
pepinillos en vinagre, 134

pepino, 76, 84, 86
perejil fresco, 30, 54, 112
pimentón
  dulce, 39, 114, 136, 138,
    148
  picante, 112, 114, 136,
    138, 148
pimienta negra, 50, 54, 60,
  68, 76, 80, 84, 106, 108,
  110, 118, 126, 132, 134,
  138, 144, 162, 176
pimiento, 44, 124
  rojo, 35, 100, 142
  verde, 54, 66, 84, 142, 158
piña, 192
piñones, 76, 88, 94, 130, 138
  tostados, 104
pistachos, 74, 90, 154
plátano macho, 54
plátano maduro, 180, 190,
  194, 196
pollo, 102, 108, 134, 136
  hamburguesa de, 117
  muslo de, 110
  pechuga de, 126, 128, 142,
    146
puerro, 58, 64, 108, 124, 140

Q

queso
  burrata, 88
  crema, 160, 188
  feta, 46, 68, 74, 76, 90
  lonchas de, 117
  mascarpone, 160, 182
  mozzarella, 28, 48, 88,
    158, 160, 162
  mozzarella vegana, 158
  parmesano, 52, 82, 96,
    104, 118, 120, 124, 132,
    152, 182